阿古屋の松

細川 純子＝訳（津村 淙庵＝著）

無明舎出版

阿古屋の松◉目次

まえがき

『阿古屋の松』の著者、津村淙庵の名を知ったのは十四年前である。その頃、民俗学を学ぶため新しい大学院に進み、菅江真澄を修士論文に選んでいた。菅江真澄を論ずるのに周辺の資料を探していた時に、『日本庶民生活史料集成』に収められている『雪のふる道』に出会った。作品は写実的で正確な描写だと実感し、添えられている絵も真澄のそれよりは小ぶりではあるが、当時の秋田の生活を知るには十分な資料になると思った。淙庵の文章からは老成した大人の印象を受け、人物そのひとには魅力を感じなかった。ただ、資料としての価値を評価していたのである。

その後、何度か『雪のふる道』に接するうちに、淙庵は『雪のふる道』の旅の七年前にも久保田を往還して、『阿古屋の松』という作品を成していることを知った。それは愛知県西尾市岩瀬文庫に写本が所蔵されているという。早速、複写を送付して頂いた。その頃、『阿古屋の松』が翻刻されていることを知る人は少なかった。古文書を読む講座にも参加し始めていたが、教材が百姓文書でもあり、予習復習をしないで出席するものだから、上達にはほど遠かった。従って、『阿古屋の松』も拾い読み程度だった。

二年前、菅江真澄が一段落したので、気になっていた『阿古屋の松』を翻刻しようと思い立った。『くずし字辞典』数種類をめくりながら、毎日向き合った。二度、三度目になると読めない文字が減っていき、すると、作品と淙庵その人の魅力にも気づくことができるようになった。

『雪のふる道』から老成した大人の文章という印象を受けたのは、久保田への旅が二度目だったからである。『阿古屋の松』は四十六歳の淙庵の、初めてのみちのく・出羽の旅だった。江戸の富裕商人が篗輿《あおだ》（町駕籠）に乗ってではあるが、奥州街道、羽州街道、二口街道を通り、冬に向う秋田で二ヶ月余を過ごした。仕事が滞っている間、荒波が寄せるというよりは被さってくる日本海べりを歩いた。市《いち》では江戸では見慣れない食物にも出会った。霜焼けのような病にかかり、箸も筆も持てない体験もした。これらを批判的にではなく、発見と感動をもって書き留めている。古川古松軒やイザベラ・バードの目とは異なるところである。

淙庵の人間性について、この作品から窺えることは、わが身は恵まれた環境にありながら、そうでない人間に対して、限りない同情を寄せる優しさである。篗輿《あおだ》を担いでくれる男たちに対して、その労苦を思いやっている。確かに男たちは険しい山道も雪の中も冬の川も素足で渡るなど、過酷な仕事をしている。男たちは酒で紛らわしているが、淙庵は辛さが分かるから、時々酒を飲ませている。二口街道の山道では、山男たちが一日山で木を伐り、次の日町場に売りに行く生活で、現代の相場で七、八百円にしかならないという生活に、心からの同情を寄せている。人間だけでなく、山道に前足を折り畳むようにして息も絶え絶えの馬に対しても、同情を禁じ得ない淙庵がいる。

淙庵の優しさは、同居している幼い甥たちの態度からも窺える。この甥とはだれの子なのか分からない。淙庵自身は兄が九歳で亡くなった後、六年経ってから生まれた。さらに年を経て弟が生まれ、弟が幼い子を残して亡くなったということだろうか。淙庵を心から慕っており、帰郷した淙庵に抱きついてくるのである。

そこで思い出した。淙庵が『片玉続集』41〈御家譜〉（文化二年＝一八〇五）に、秋田人士について、厳しい評を書付けていることである。昔、蝦夷の地だった辺土に移って二百年経ち、名家の子孫は偏狭で放縦で愚かになってしまったと記す。このことと『阿古屋の松』に現われている淙庵と、どのように整合性を図ればいいか。

こう考える。淙庵は人間の本質を突いているのだ。『阿古屋の松』の旅で出会った人々は、みな真心で淙庵に接してくれた。身分の上下ではなく、人間性を高貴さと卑しさで判断しているのではないか。

『阿古屋の松』を現代語訳するにあたって、国文学の分野は五十年余親しんできたので楽しく訳すことができた。注を付けるにあたり、民俗学と歴史の分野は単位を揃えただけなので、こういう具体的な作品を目の前にすると分からない事だらけだった。普段の読書がいかに分からないまま、曖昧なまま流してきたかと反省した。

一つずつ埋めていくうちに見えてきたものもある。この『阿古屋の松』を書写したのは、最後に評を書いている「松野直純」その人であること。直純は淙庵より三十歳年下の武士で、晩年、冷泉派江戸会派の成島和鼎に和歌を学んだようである。和鼎の養子峯雄は『阿古屋の松』の旅に出る淙庵に、餞別の漢詩を贈っている。淙庵と直純とが面識があったかどうかは今のところ不明だが、和鼎の側に『阿古屋の松』があり、それを直純が文化八年（一八一一）に借りて書写したということだろうか。なお、淙庵は文化三年に没している。書写しているうちに刺激され、直純も『率土《そと》の浜つと』（文化十二年）を成したのではないかと。これは夢想のうちである。

現代語訳を進めながら、奥州街道・羽州街道を歩く会にも参加してきた。二三〇年前とは大きく変貌したが、それでも江戸時代の面影を残す箇所もあった。淙庵と同じように小坂峠や金山峠では息も絶え絶えだった。冬の能代の海岸はまだ歩いていないが、いつぞや台風一過の五能線に乗ったとき、車窓に打ちつける波を見ているので、波が覆い被さる合間に走って通り抜ける淙庵一行を、十分に想像できた。そういう私の体験も現代語訳には籠めたつもりである。

二〇一六年五月五日　　熊本地震の頻繁な余震の報に心痛む日に

細川　純子

凡　例

一、愛知県西尾市岩瀬文庫所蔵の写本『阿古屋之松』を翻刻し、翻刻後に存在を知った『随筆百花苑』（中央公論社　昭和五六）に収められている「阿古屋の松」の翻刻本と照合した。その際、自分の読みと多少の差異を見いだしたが、自分の読みで現代語訳を試みた。

一、原文はなるべく時代の雰囲気を残しながら、正しく現代文に移したいと心がけたが、現代文としてぎこちない場合は、修飾語の位置を変えたり、一文であるのを複数の文に区切った箇所もある。濁点も適宜施した。

一、和歌は平仮名が並び、一見して理解困難と思われる場合は適宜、漢字に直した。

一、松島と男鹿の島名は原文表記のままとした。

一、集中の写真は断りない場合、訳者の撮影による。

阿古屋の松

津村淙庵のこと

津村淙庵は実名を正恭《まさゆき》、通称三郎兵衛、雅号淙庵のほかに藍川などがある。元文元（一七三六）年生まれ、文化三（一八〇六）年没。七十一歳。江戸伝馬町に店を構える久保田藩御用達の商人の家に生まれた。淙庵が久保田藩御用達であるのは、先祖が大坂夏の陣の際、佐竹侯の老臣梅津憲忠に従って働いたのが、のち武士をやめ江戸に出て商人となったという時代に遡る。梅津侯との縁で佐竹侯が出羽国に転封の後も、御用達を務めたと考えられる。

淙庵は兄が九歳で亡くなり、その六年後に生まれたものだから祖母や両親の鍾愛をほしいままにした。生来学問好きだったが、望むままに学問することができた。七歳から師について勉学を開始する。それ以前は雇人の老爺から三国志などの耳学問を授かっていた。今井某ついで荒木文篤に和漢の読み書きを学び、十七歳から十一年間、成島錦江に国学・儒学・和歌を学ぶ。成島は江戸城の表坊主・奥坊主・御同朋を勤め、将軍家宣・家継・吉宗・家重・家治五代に仕えた。吉宗が冷泉派の和歌に傾倒していく中で、成島も冷泉江戸会派に属することになり、若き淙庵も末席に連なることになる。

当『阿古屋の松』の七年後に再び出羽国を訪れて『雪のふる道』を著わした。これらと平行して、また書き継いで晩年まで著作を続けた。世間話を集めた『片玉集』『片玉続集』『片玉後集』『譚海』、紀行文『思出草』『花見の日記』など。根岸に別荘を構えたのは安永四（一七七五）年で兌得墅と名付けている。五十七歳で家業を養子茂春に譲り、淙庵は剃髪して執筆、作歌、旅行、文人たちとの交流と、風流生活を満喫した。石川雅望（狂名宿屋飯盛）、大田南畝（狂名蜀山人、四方赤良、寝惚け先生）、上田秋成（国学・歌人・読本作者）、滝沢馬琴（戯作者）とも交流があった。

先祖がもと円江《つぶらえ》に住んでいたので円《つぶら》を氏とし、それが転じて津村となったのである。

巻第上

みちのくの阿古屋の松を尋ねた昔(注1)でさえ、陸奥国が出羽国と二つに分かれたことを知らず探し回って、みつけることができなかったという例もあった。まして私にとっては未知の、それも遠方の土地でもあり行ってみようと思ったこともなかったが、歌枕の有名な所々には（武蔵鐙(注2)）さすがに心を寄せていないというわけではなかった。

今年(注3)、思いもよらず出羽国に旅立つ用(注4)が生じた。急なことなので十分な旅支度もできない。どうしても必要な装備などは準備するが、そこにあいにくな急用も加わったので、落ち着かず気ばかり焦る。

根岸(注5)に住んでいる佐藤徳明が漢詩を作って別れを惜しむ心を寄せてきた。その妻からも和歌が届けられた。その歌は次のようである。

時しもあれ秋のもみぢを折はへてさぞ(注6)（な）名立の夕べあけぼの

（まさに秋の紅葉の折も折、どんなにか見事な名所の夕べ曙でしょうか。）

みちのくの野はら篠はら分けゆきてさこそかくらめことの葉の露

（あなたはみちのくの野原・篠原を深く分け入って、たくさんの和歌の露に

濡れるのでしょう。）

成島峯《なるしまみね》雄《お》(注7)どのからの歌。

ゆたかなる秋田の稲のかりまくら露のやどりもさぞな楽しき

注1　阿古屋の松を尋ねた昔…「阿古屋の松」は歌枕。みちのくにあると聞いて尋ねた阿古屋の松が出羽国になっていたという文脈は、『古事談二』『平家物語』『十《じっ》訓抄《きんしょう》』に載る藤原実方《さねかた》伝説に由来している。陸奥国に左遷された実方が歌枕の阿古屋の松を探したが見当たらない。土地の古老は、陸奥国は一部が出羽国に分割・編入され、阿古屋の松は今は出羽国にあると告げた。出羽国分立は史実として和銅五（七一二）年（続日本紀）。津村淙庵がこの作品のタイトルを『阿古屋の松』としたのは、冷泉派の歌人でもある淙庵が和歌のさらなる上達をめざして古来の歌枕を見ておきたかったので、歌枕探訪の意味で、「阿古屋の松」を代表させて付けたのだろう。『古事談』では、歌人としても名高い実方が、殿上で藤原行成と言い争いをして、一条天皇から「歌枕を見てまいれ」と陸奥守に左遷されたという故事を載せる。淙庵は商用のついでではあるが、

歌枕を見てこようと一条天皇の言葉をヒントにこのタイトルにしたのではないか。実際に阿古屋の松を見たがっていた様子は書かれていない。

注2　武蔵鐙《むさしあぶみ》…「さすがに」に掛かる枕詞。昔、武蔵国で製作した鐙（馬具）が有名で、鐙の端に「さすが」という金具がつく。

注3　今年…天明元年（一七八一）八月。四月に安永十年から改元。**新暦十月六日。**

注4　出羽国に旅立つ用…　具体的にどのような用だったかは書いていない。加藤秀俊氏『メディアの展開』（中央公論新社）では、淙庵の『阿古屋の松』七年後の紀行文『雪のふる道』を論じて、『雪のふる道』の旅は寛政の改革のとばっちりを受けた藩の財政危機と関わる旅ではなかったかと推察している。御用商人は藩に融資しているので（大名貸し）藩財政のゆきづまりは商人の死活問題になるとしている。『阿古屋の松』の旅は天明元年で久保田藩の財政危機は始まっていたが、滞在六五日で帰郷できたのは四八八日の久保田（現秋田市）滞在を余儀なくされた『雪のふる道』と比べれば、さほどの切迫感はなかったのだろう。

注5　根岸に住む佐藤徳明…佐藤徳明と次に名前のあがる高木康連、古川番秀、片山孝観も詳細不明。ちょっとした江戸の人名辞典には出て来ない。おそらくは淙庵に手ほどきを受けた和歌好みの商人か下級武士か。なお冷泉派江戸会派は幕臣で占められ、商人の淙庵は末席だった。

　根岸（東京都台東区）という土地から佐藤徳明の素性を知ろうとして根岸を調べてみると、根岸は古くから文人墨客が庵を結ぶ地として知られていた。土地の百姓の他には宮様士《みやさまし》と称する輪王寺宮様の家来が住み、江戸市中の大店の隠居、旗本の隠居などの隠居所や妾の囲所《かこいどころ》が主だった。代官所も置かれていた。鶯の鳴く里としても有名だが、何時といわず長唄や三味線の音の聞こえる粋な土地柄だった。酒井抱一《ほういつ》の弟子喜一は「根岸八景」を描いている。

　これらから推測すると大店か旗本の隠居などであろうか。なお淙庵も根岸に別荘を構えこの当時は母が住んでおり、淙庵は隠居してから（寛政四・五十七歳）住んでいる。

注6　さぞ（な）なだちの…写本も四句目の字数が足りない。

　「さぞな名立の」の「な」の繰り返し字が抜けたと判断した。

「名立」は「なだたり」（ラ変動詞）、「なだたる」（連体詞）、「なだつ」（四段動詞）、「なだて」（名詞）と同系の言語でないか。「なだちおとこ」という名詞がある（浮世草子）。ここは「名高い」の意味にとった。

注7　成島峯雄…成島錦江《きんこう》（名を信遍《のぶゆき》、字鳳卿、道筑）の子が和鼎《かずさだ》、和鼎が養子に迎えたのが峯雄である。錦江は淙庵より四十五歳年長で、淙庵は錦江から国文学、漢文と、錦江冷泉派江戸会派のまとめ役だったこともあり、冷泉派の和歌の手ほどきを受けた。

　錦江は幕府の表坊主奥坊主、御同朋に立身した。錦江の死の際には和鼎から遺稿の整理を依頼され二十巻の書にまとめた。和鼎は淙庵の十六歳年長で禄高百俵二人扶持。儒者で表坊主も務めた。和鼎が養子に迎えたのが峯雄である。御書物奉行を務めた。淙庵の『片玉集《へんぎょくしゅう》』に峯雄が『あこやの松』の旅に出る淙庵に贈った序が載っている。

（豊かに稔った秋の田の稲をかり枕にして、露に濡れることもさぞ楽しい経験でしょう。）

うらやまし我もいかでか松島の浦のみるめをゆきてかるべき

（うらやましい限りです。わたしもどうにかして出かけて松島(注8)の浦の海松布《みるめ》を苅りたいものです。）

なみならぬみるめもさぞな時は秋所〱(注9)は千賀の塩竈のうら

（すばらしい海松布も特に見応えがあることでしょう。まさに秋の塩竈・千賀の浦は。）

行く先もさぞなわすれて秋萩の花のさかりを宮城野の原

（旅の先があることも忘れて秋萩の盛りの宮城野原を堪能することでしょうよ。）

紅葉に心を染めてゆく旅のかへさや雪の白河の関

（今は紅葉の美しさを期待して出かけるのでしょうが、帰りは雪の白河の関を越えることでしょう。）

高木康連が贈ってくれた歌。

草まくら露のやどりも詠《ながめ》ある秋田の刈り穂ゆたかにや見む

（草枕を借り露に濡れる旅の宿りも歌がたくさん生まれて、秋の田は豊かに

注8　松島・塩竈・千賀浦・宮城野・白川関・会津はみちのくの歌枕。

注9　所〱…写本は「處〱」となっているが、下句が字余りになってしまい歌意も通じない。繰り返し字は写し間違いではないか。

見えることでしょう。）

帰り来て共にかたるを松島やたぐひもなみのうらの詠を

（あなたが戻って一緒にお話しできる日を心待ちにしています。類ないほど素晴らしいという松島の景色と歌とを。）

古川番秀は次の歌を寄せてきた。

蜑《あま》のかる見るめも遠くへだててはかけて忍ばむ袖のうらなみ

（漁夫が苅る海松布もここ江戸と遠く離れては、心に浮かべて忍ぼう、松島の浦の波を。）

入りぬると告る便《たより》を待ちつけて我もともにや恋のやまみち

（みちのくに足を踏み入れたという便りを待ちかねて、わたしも一緒に恋い焦がれる山道を辿りたいものです。）

きさがた（注10）の海人の苫やにすむ月を旅ねの床の友と見るらむ

（象潟の漁夫の苫葺きの小屋に泊まって、あなたは澄んだ月を旅寝の友として眺めることでしょう。）

最上川早瀬の波にたぐへつつ月日よどまで帰るをぞ待つ

（最上川の早瀬の波にあやかって、月日が滞りなく経過して早くお帰りになるのを待っています。）

注10　象潟・最上川は出羽国の歌枕。

ほにいづる秋田の露に夢結ぶ旅ねの床もいねよかるらし

（秋の田の伸びた穂に露が結び、あなたの旅寝の床も心地よい夢を結ぶことでしょう。）

片山孝観の歌は次のようである。

帰り来むほどなわすれそ松島や小じまが礒による波を見て

（お帰りになることを忘れないでください。松島の小島の礒に寄せる波に心ひかれてしまったとしても。）

このようにさまざまにたくさんの歌が寄せられたが、出立の忙しさに紛れてどんな歌を返したのか覚えていない。

わかるれど人に会津の山しあればおもひいではと我もたのまむ

（今はいったんお別れしますが、人に会えるという会津の山が道中にあるので、思い出すことができるとわたしも頼みにしましょう。）

と、心の中で思うばかりである。

事の次第は、私の遠い先祖[注11]の時代から出羽国の国守に品物を届けるお役目をこうむり、庇護を受け続けて何代にもなったが、この度、商売の事でかの国に出向くようにと突然のお沙汰があり、それはお断りすべきことではない。老いた母や幼い甥たちがいるので、彼らから引き離されて遙か遠い国に出かけることは不安

注11　遠い先祖…先祖は本願寺顕如上人の庶子、南林寺某の子玄智で、還俗して円江《つぶらえ》に住んだ。そこから円氏を称し、大坂の陣の際佐竹侯の老臣梅津憲忠《のりただ》に従って働いたが、のち武を捨て江戸に移り、

で、あれこれ思案してどうしたものかと母にかかる事情を相談したが、母は気が強く利発な性格でいらっしゃるので、

「心配なさいますな。わたしは老いたりといえどあなたがお帰りになるまでは、命果てるとは思いません。このようなついでがなくてはどうして遠い海山の珍しい所を見物することができましょうか。早く決心なさい。」

とおっしゃる。幼い者たちは叔父がいなくなるのは寂しいと泣き顔になっているのを見ると、年月馴じんだ生活から離れることが辛くて涙がこぼれる。いろいろなだめすかし、帰りくる日までのことを頼み込んで、心を強く持って出かけることにした。

出立を明日と決めた宵は親しい人々の限りが訪ねてきて、杯を交わし、別れ難いことを言っているうちに夜が更けてしまった。母は去年の春より根岸の別邸に隠居してめったに出て来られないのだが、今回は特別尊い方面への旅立ちなので、宵からこちらにお出でになり旅の準備を手伝ってくださる。何くれと用意しているうちに夜が明けてしまった。

天明改元中の秋八月十一日という日に、武蔵国の江戸の宿を出立した。こういうことは前例もあることなので、この度も藩主の仮の家臣として、商人は身に付けない大小の刀を下げ勇ましい格好で出発するのはこそばゆいけれど、地方への

商人となった。その後代々商人として侯家の用を務めた。津村姓は円姓を後に改めたもの。

長旅の備えとしてはこの方がよいと以前に出かけた人が言うので、このような装備となった。また、出羽国の翁(注12)が去年の冬から江戸に来ていたので、彼を今回の道案内人として伴っていくことにした。

午前八時《辰》頃、旅宿の馬を二頭借り、私はあおだ(注13)に翁は馬に乗って出発した。千住の宿駅に着いた頃、親族や近隣の人、使用人たちが餞別にとやってきていた。幼い者も来た。みなで酒を酌み交わし時が移るまで名残を惜しんで、やがて出立した。

今までは旅を思うと胸が張り裂けそうに悩んだが、ここにきては冷淡なほど何も思わないのである。ただ道中無事でありますようにと幣《ぬさ》をとって祈った。

千住宿

草加の宿場を過ぎて越《こし》谷《がや》に宿を取った。旅籠《はたご》のもてなしはなかなか良かった。

十二日　夜がすっかり明ける頃、この宿場を出立した。筑波山が東の方角に見える。

注12　出羽国の翁…詳細不明。全編「翁」で通して姓など分からない。出羽国は久保田城築城にあたり、堀川を境に東部を侍町、西部を町人町とした。町人町の西端に寺を配して寺町とした。侍町を内町、町人町を外《と》町という。町割は湊（秋田市土崎港）から城内に向かう通町筋と、それと並んで南端を東北に走る馬口労町の間に数本の道路を通している。大町筋、茶町筋の二街道と、東の川反筋、西の亀ノ丁筋の四本と、その西側途中で合流する米町筋である。これらと直角に交差する九本の横小路によって碁盤の目状の町割になる。商工業の便を図る佐竹氏の施策だといわれている。大町筋を羽州街道とし、まもなく通町と大町三町の二階作りを命じて大通りの体裁を整えた。この大町・茶町に巡見使や参勤交代の宿舎を提供する宿屋があり、古川古松軒が随行した上役も本町三丁目（大町）に泊まり、涼庵もこのあたりに常宿していたのではないか。その隣町

あかねさす日影をこめて筑波根のこのもかのもに匂ふ白雲

（さし昇る朝日はあたり一面を照らし、筑波山のあちらこちらに赤く染まった白雲が浮かんでいるよ。）

筑波から東には山がない。わずかに岡のように見えるのは鹿島の山である。また南に離れて低く見えるのは、下総《しもふさ》(注14)の椎名の山だという。

杉戸から幸手《さって》の間は道が平坦で、旅の荷を担ぐのは楽である。秋の日は曇り往来を行く人は稀で、故郷の見慣れた土地に似たところは心を留めて過ぎるのも、のどかな心地がする。内江間《うちごうま》、外江間《そとごうま》というあたりは最近の洪水で、垣根など壊れた家が多い。全体、このあたりの川幅は広い。所々は川を歩いて渡る。高く築いた堤の上を通行するところである。

夕方になって古河《こが》の渡し場に着いた。雨が降り出してたいそうわびしい感じがする。故郷から遠く離れてしまったと思われて歌を詠む。

今しばし舟出いそぐな雨にゆくこがのわたりの夕暮れの空

（もう少しだけ舟出の時を急がないでおくれ。雨の降る夕暮れの古賀の渡し場で、故郷から遠くなってしまうのが切なく思われる。）

(注15)唐の岑参《シンシン(ジン)》が「両行の涙を添えん」と詠んだ詩も思い合わされて、私も歌を詠む。

故郷に通ふと聞けばことのはもかきやながさむこがの河水

に翁の家があった。翁も久保田藩の御用達であり、淙庵の下請けのような位置であったのではないか。久保田では自由に登城して淙庵の用向きを伝達している。

注13　あおだ（箯輿）…あみいた（編板）が「あうだ」→「あをだ」→「あんだ」と変化した語ではないかといわれている。木や竹などで編んだ粗末な釣り輿で罪人、戦死者、負傷者などを運んだもので、日覆いがない。もうひとつ、「あんだ」と呼ばれる駕籠がある。左右に畳表を垂らした粗末な駕籠で、町駕籠として用いられた。淙庵は吹雪の時に火鉢を入れて通行しているので、この町駕籠のことだろう。おそらく江戸からもこれに乗り駕籠かきを雇って旅をしている。駕籠かきは宿場の駕籠や馬の規定は受けていない。雇い主の要望があれば宿場を幾つもまたいでいる。

注14　下総…現在の千葉県北部と茨城県南西部。

八月十三日…新暦九月二十八日

（この川は故郷に通じると聞いたので、歌を書いて流そう、古河の川よ）

松原の間はワレモコウ、カルカヤなど特に多い。秋の花盛りなのを愛《め》でながら行く。今夜はここの宿場に宿を取ることにした。

十三日　まだ暗いうちから出立した。雨は止んだけれど宵に降った名残で、道がぬかるみ難儀する。旅籠の馬は大分遅れている。

　鈴の音は夜ふかき路に先だちて遅るる駒のこゑぞ聞こゆる

（暗い闇の中から鈴の音が聞こえてきて、続いて馬のいななきが後から聞こえてくるよ。）

野木という宿場に着く頃夜が明けて、朝日がのどかに差してきた。

間々田、小山などという宿場を過ぎるのだが、今日も一日中筑波山を見ながら行く。昔大伴旅人《おおともたびと》卿（注16）が検税使として下向した折にこの山に登って、「男の神もゆるし給へり女の神もちはひ給ひて時となく雲ゐ雨ふり」と詠んだ長歌などを思い出していると、女男の峰が並び立っているようで、手に取るように近くに見える。天にも昇るような心地である。西の方角に日光山が見える。また立ち並んで丸く皿を伏せたような形をしているのは、中禅寺の山ということである。そこから北の方角に、日光山と似ている山が見える。人に尋ねると大平《おおひら》の嶽だという。まさに大平権現（注17）が馬を逆さまに乗り上げた蹄の跡が、山上の岩に残っているという。

注15　岑参…七一五～七七〇　安禄山の乱のとき、杜甫らの推挙で粛宗に仕えた。西域に長く従軍し、辺塞詩人として高適と並び称される。『岑嘉州集』がある。

淙庵が引用した詩句は「見渭水思秦川」（渭水を見て秦川を思う）の三句目。

　渭水　東流し去る
　何れの時か雍州に到る

☆憑って両行の涙を添え

　寄せて故園に向って流さん

（この水に頼んで両眼から流れおちる二筋の涙を添えのせてもらい）

注16　大伴旅人…『万葉集』に長短歌が載る歌人（六六五～七三一）。大伴卿と表わされることが多く、「淡等」と自署する。子に万葉歌人の家持《やかもち》・書持《ふみもち》がいる。ここに引用されている長歌は巻九・一七五三～四番で、旅人が検税使として常陸国に派遣された時に作った歌。

注17　大平権現…ニニギノミコト、アマテラスほか十柱が祀られてい

この山の麓の晃石《てるいし》は権現が普通の人だった頃住んでいた村なので、今もこの村の人たちは男も女も登山して障りがないということである。

雀の宮という宿場に着いた。ここの神社は実方《さねかた》中将(注18)を神として祀っているという。特別に荒稼ぎをする宿場で、馬追いも町をうろつく者も手ぐすねひいて待っており、奥州へ行き交う旅人もこの宿場を通過することを難儀に思っている。なにやかやと因縁をつけて金銭をせびられることが煩わしく不快だからである。

すっかり暮れ果てた頃、宇都宮で宿を求めた。町は長く続いて賑やかでなかなか江戸の住居にも似ており、商人宿も感じがよい。久保田藩の本陣に泊まったので、すべて行き届いたもてなしでたのもしい。近年、将軍の日光山ご参詣(注19)があったため道路・橋が修繕されており、通行が安らかである。ああ、この東照大権現の守護により平安な時代となって、二百年近く戦もない。私のこのような千里の旅が安全にできるのは有り難いご功績であると、返す返すも尊いことに思われる。

十四日　夜が明ける頃出立した。空は晴れている。あおだに乗り町を下って行く。宇都宮明神のお前を過ぎて野道にさしかかった。昨日と打って変わって道がことのほか悪い。所々ぬかって行き来できない箇所は、道でないところを歩く。とても奥州へ行く道とも思えない。将軍の行列がお渡りになるのだったらそれにふさわしく道を整え、このようなぬかりみもないのだろうと思われるのは、ひど

る。後小松天皇（帝位一三九二～一四一二年）が下賜した添額には大平山神社とあり、崇保院宮の御額（一七一九年）には大平山権現とある。慈覚大師が大平山登攀の際創祀したとも、神護景雲年間（七六七～九）に大和国大神神社を勧請したともいわれ、創祀は明確ではない。

注18　実方中将…藤原氏（未～九九八年）。左近中将のあと陸奥守に任じられ（長徳元＝九九五）、長徳四年に任地で客死。四十代以前か。歌人として宮中のサロンでは花形だったが、陸奥守赴任に関して伝説が生まれた。

注19　近年、将軍の日光山ご参詣…将軍は毎年日光参詣をしているわけではない。代参という形で年に何度か行われている。この時の将軍は第十代家治で、安永五（一七七六）年に大規模な将軍の参詣が行われている。その後、安永八年に日光山御宮、霊廟修理が成ったので参詣の予定があった。ところが後桃園天皇崩御があったので

く煩わしい道のせいであろう。今日は筑波山も後ろになって見えない。

　故郷のそなたに見てし筑波根もあとになり行く旅の中みち

（故郷の方角に見えていた筑波山も後ろになっていく、旅も半ばの道中よ。）

日光山も後ろになって、それに代わって大きい山が見えてきた。人に聞くと羽黒山という。頂上は雲がかかって見えない。たいそう高い山である。鬼怒川、阿久津川などというのは舟で渡るのである。簗《やな》で鮎を捕っているのを見て、歌を詠む。

　たぎりくる河瀬の水の落ち簗にのがれぬ鮎のさわぐ岩波

（たぎり走る河瀬に仕掛けた簗にかかって、逃げられない鮎が騒いでいるよ。波の上で。）

氏家の宿場に着いた。今日ここは市（注20）の立つ日で、人々がたくさん集まって来ている。牧場から引いてきた馬は多く、数知れない売り買いがあるという。どれも運搬用の牛馬で数多くいる。長い六尺《1.8メートル》ばかりの薪を負わせた牛馬が道をよけきれないほどすれ違う。

ここから山道にかかる。今までの道とは変わって珍しい山を巡り巡りして、宿駅伝いに行くのである。

喜《き》連川《つれがわ》に着いた。この宿場は宿屋もみな藩の役人だという。槍などを掛けてい

取りやめになった。予定の御参詣のための道路の修復で、街道は整えられていたのだろう。

注20　氏家の市…下野国南西部など諸都市の市立ては六斎市である。この日は十四日なので四と九の付く日が市の立つ日か。

る家が多い。宿場は特に古めかしく、人の応対も親切である。桜野という所に源九郎義経の愛妾静の墓があるという。

佐久山の宿場を出て大田原に向かったが、道の途中で日が暮れてしまった。本道は橋が落ちて通れないというので、脇道を行く。ススキやタカガヤの茂る中の、道なき道を迷いながら行く。鈴虫や松虫が鳴き交わしている。田の近く一帯から聞こえてくるのも珍しく思われる。雨さえ降り出して来たのでどうしたらよいかと案じているうちに、ようやく本道に出た。

あおだを担ぐ者に「酒を飲みなさい。」と金を渡すと、喜んで速歩になって急ぐので午後八《戌》時頃に大田原に着いた。勇猛な男が果敢な行動をしなければとうていこんなに速く着くことのできる距離ではない。湯につかり食事をしている間も雨が降り続き、旅中の宿泊は辛いことである。明日はどうだろうかと語り合いながら床に着いた。

十五日　今日も雨が止まない。道がぬかるんで歩きにくいというので、すっかり明けてから出立した。山道は険しくないがますますぬかるんで歩きにくい。谷川の流れを左、右にと聞きながら越えて行く。あおだを担ぐ者たちが息荒くしているのを見るのも辛い。ただ、山水の景色を心の中で歌に浮かべるのだけが楽しみである。

大正末期の大田原宿（写真提供・大田原市那須与一伝承館）

鍋掛から鯉堀の間はわずかに六丁《65メートル》である。その間は谷川に下ったり坂を登ったりする。この川面におもしろい滝が二所に落ちてくる。ここから芦野の宿場まで二里二十二町《10キロ》の間を二十三坂という。山を十二越えるのでこのように呼ぶのだという。道はぬかるんでたいそう辛い。北東の方角のはるか遠くに高い山が見える。八溝《やみぞ》の観音の山(注21)と言って関東の札所だという。この界隈はどの家も水を引いて、唐臼《からうす》(注22)で米を搗《つ》く仕掛けをこしらえている所が多い。山里の様子は単純で好ましく見える。

ふるさとは山よりやまにへだたりて見返る方も八重の白雲

(故郷は山から山を越えているうちに、振り返っても白雲の中に閉ざされて
しまったよ。)

雨は止んだのになお時々降ってくるのは山中の常なのだろう。昼、鍋掛の宿場で藩主の飛脚便を扱う宿の主人がくれた鮎を調理して、ここで昼飯とする。ヒラタケ、マツタケ、他にもいろいろのキノコを家毎に採ってきて、売り物にしている間《あい》(注23)の宿が多い。

思川《おもいがわ》という川を渡る。筑前(注24)の名所にも同じ名の川があったのを思い出して、歌を詠む。

これも又故郷遠くおもひ川心づくしのわたりならねど

注21 八溝の観音の山…八溝山地。福島県南部から茨城県と栃木県の県境を南北に筑波山までを断続する山地。福島・茨城県境の八溝山が最高峰(一〇二二メートル)。山頂に観音が祀られている。

注22 唐臼…①臼を地に埋め据え、杵の柄の一端を踏んで杵を上下させて搗く臼。踏臼。②重ねたふたつの臼をすりあわせてもみ殻を落とす臼。ここは①だろう。

注23 間の宿…江戸時代、宿場と宿場との間にあって旅人を休息させた村。のちに旅人を宿泊させるようになり、宿場の盛衰に影響するようになったので幕府はしばしば禁令を出した。

注24 筑前の思川…歌枕。『五代集歌枕』筑前の項に「思川」がある。大宰府天満宮の境内を流れる御笠川の上流の染川のことという。

（この川の名もまた、遠ざかる故郷を思い起こさせる。ここは筑前の心づくしの思川ではないのだが。）

芦野の宿場に遊行《ゆぎょう》上人の柳というものがある。これは一遍上人（注25）が修行の旅に出た際、必ずそこで歌を詠まれるからだという。私はあおだに乗っており、一行は急ぐというので行って見ることもできない。蟹沢、高瀬などというあたりはどれも山中の宿場である。山田に仮小屋を作って鹿を逐《お》う様子は（歌には詠まれているものの）実際に見るのははじめてなので、もの哀しさが募ってくる。その中の貧家の田はそのまま仮小屋も作らないで稲穂を守っている。どれも山中の住居は言葉では述べがたいほど様相が異なっている。

白坂《しらさか》の宿場までと急ぐのだが、道のぬかりがことのほかひどくて進みにくい。山中の途中でだんだん日が暮れてきた。雨さえ絶え間なく降り出して、行く先も見えない。ともしびをつけたが湿って暗いので、たいまつを求めてつけようとしたが、求めるべき家もない。

山際が光って雷が鳴り出した。恐ろしい音をたて一向に止む気配がない。こうなってはどうしようもない。行く手の道はひどくぬかるんで歩けないので、今夜はここに泊まって早朝白坂まで行きましょうと供の者が言うので、それではあおだを担ぐものの案内に任せて、山中の間の宿に宿ることにした。その事情を

注25　一遍上人…鎌倉時代の僧。時宗の開祖。勧進帳と念仏札を携えて全国各地を念仏遊行した。遊行上人と呼ばれる。

先立って白坂に宿の手配に行っていた翁に、手紙を書き人を雇って知らせにやった。この宿の様子は結構がっしりしていて、馬を飼っている台所のあたりは火の気が盛んで、老女や孫などが並んで語り合っている。突然の接待に見苦しい点もあろうと恐縮する様子も、気の毒に思われる。枕を借りるに十分な頼もしい所であり、面倒な接待は期待しませんと告げたが、それでも茸、鮎など地元のものを熱い汁物にして出してくれた。夜具など美しくさっぱりしているのも思いがけず、心が行き届いていると感じた。

なんとまあ今宵は十五夜なのに、あいにくな雨のため旅寝の楽しさが無くなってしまったことは、返す返すも残念である。

それでも周囲を見たくて戸を押し開けて眺めると、軒端近くまで山が四方を囲んでいる。軒から雫の音はするが雨は止んだのだろうか。月の光りは薄く射し、雲に映っている方向は東の山かと強いて外に出て窺うが、すぐに曇って雲の様子も安定しない。

まことに山里の空の様子はほかの土地とは異なっており、いつまで経っても見慣れぬ思いがする。

ああ、やはり今夜はここで明かさなければならないと、諦める気持ちになる。

旅衣うらめづらしき秋こよひ雨にかげ見ぬ月もかひなし

注26　桃源山中…中国の洞庭湖の西方、湖南省桃源県の西南の山中にある地名。陶淵明の「桃花源記」によって仙境とイメージされた。

（せっかく旅中の仲秋の月なのに、雨で姿も見せない。これでは十五夜の甲斐もない。）

水の音が一晩中枕にかかるように聞こえてくる。雨かと聞き違えてしまうのもうっとうしくて臥している。少しまどろんですぐ目覚めたが、鳥の声がかすかに聞こえてくる。陶淵明の詠んだ桃源山中（注26）もこういうところかと心に浮かんできて、俗世間とかけ離れた趣は表現のしようもない。寝屋の隙間が明るくなってきたので夜が明けたかと起き出してみると、風は西に変わって雲が切れ青い空が美しく、明け方の月が山端近く冴えわたって、草木に置いた露がきらきらと夕べの雨の名残をとどめている。場所柄またこのような旅寝をしたことのない身には例える言葉もみつからない。

雲かかる山路の月もいかで見ん苔のさむしろ雨にからずば

（雲におおわれた山路の月をどのようにして見ようか。苔のむしろを雨に借りなければ。）

ああ、風流を解する人たちと鑑賞するのだったら、どんなにか興趣も加わるだろうと思っても仕方のないことである。

十六日　夜が明けると同時にここを出立して、白坂までと急ぐ。境の明神（注27）と申す神が祀られている。これが下野国《しもつけ》と陸奥との境界に立っておいでのお社なので、

境の明神（左・栃木側の住吉明神、右・福島側の玉津嶋明神）

注27　境の明神…白坂越えの陸奥・下野国境に、関の明神として玉津嶋・住吉の両社が境を隔てて並立している。

こうお呼び申し上げるのだとか。それと並んで玉津嶋のお社(注28)と申し上げる社があったので、ひれ伏して歌を捧げた。

　道ひろき和歌のうら波いつよりかかかる所に跡をたれけん

（普遍の和歌の道の余波は、いつのころからこのような所まで教えの波として寄せてきたのだろうか。）

能因法師のような歌聖を祀っているのだろう。来歴を聞きたいものである。

白坂に着いて、翁と一緒に出立する。西の方角に那須嶽という山が近くに見える。形はいたら貝(注29)のようで峯がふたつ並んで立っている。ほかの山よりとりわけ高い。

白川に着いた。関屋(注30)の跡は西の山際にあるという。ほかの宿駅より賑やかな感じがする。

　白川の関屋はあれし後もなおあとをぞ忍ぶよよの秋風

（白川の関所は荒れ果ててしまったが、寂れた後も当時を偲ぶように吹く秋風よ。）

ここに来て思ふも遠し秋風のたよりに聞きししらかわの関

（ここまで来てしまうと白川の関のうわさを秋風に聞いたのは、随分と昔のことのように思われる。）

注28　玉津嶋の御社…本社は和歌山市和歌浦中にある。『万葉集』以来の歌枕。古来、和歌の神として尊崇される。和歌の神とされたのは地名と、祀られている女神のひとり衣通姫《そとおりひめ》は女歌の始発とされるところから和歌の神を祀る神社と崇められて、全国各地に勧請された。

注29　いたら貝…いたや貝に同じ。北海道南部から九州・中国に分布する。形はホタテ貝に似た二枚貝。

注30　白川の関屋…陸奥国の歌枕。下野国との境界に設置された関で、勿来（福島県いわき市）、念珠関（山形県鶴岡市）とともに奥羽三関のひとつ。和歌に詠まれた初例は「たよりあらばいかで都へつげやらむ今日白河の関は越えぬと」（拾遺集　平兼盛）兼盛の歌によって、白河の関を越えればもう陸奥国であることから、東国の象徴、都から遠く離れた辺境の地というイメージが定着した。都からここに到るはるかな距離を、春から秋への季節の推移によって表現

山道がようやく平らになって、歩くのが楽になってきた。喜連川のほとりのこのあたりまでどこの家も煙草《たばこ》を植えて生計を立てている。山畑が多く、植えていないところはない。

矢吹という宿場を過ぎる時、あおだを担ぐ者が話しているのを聞くと、この近くの村の三条目という所に、権五郎景政(注31)を神として祀っている社があるという。そこの氏子たちは芦毛(注32)の馬に乗ることを慎んでいる。乗れば必ず事故があるので村中飼うことはないそうである。またその村では竹を植えることは神が禁じているとして、一切植えないのだという。

須賀川の宿場に行こうとして、道半ばで日が暮れた。まもなく十六夜《いざよい》の月が昇ってきて東の山際が赤く見えているが、雲に覆われて光は見えない。それでなくても足下がおぼつかない山の陰なので、行先は暗くて危なげである。

今宵だになお影見せよ雲間もる月はいざよふ名にたぐふとも

(今宵だけでも月の光を見せておくれ。雲間から時々漏れる光が十六夜の月の名の通りだとしても。)

と詠んで道を急いだ。少し浮雲も離れて月の光が明るく見えてきたので、山も川も危なげない。昨日の暁のさやけさに劣らずたいそう趣がある。これに力を得て先を急ぐ。午後十時《亥》頃に宿に着いた。

したのが能因である。

都をば霞とともに立ちしかど
秋風ぞ吹く白河の関

(後拾遺集)

このような歌で白河の関は歌人にとっての聖地となっていった。

白河関跡

注31　権五郎景政…鎌倉権五郎景政。鎮守府将軍平忠道の孫。後三年の役のとき源義家に従って奥州征伐にやってきた。

注32　芦毛の馬…馬の毛色の名。白い毛に青・黒・濃褐色などの毛が交じる。

十七日　昨日、お代官の下向の行列にかちあって馬も歩く人々も、滞ってしまい難儀したので、今日は夜深くから準備して出立した。有明の月はまだ冴え渡り、道行くほども不安ではない。宿場を出た所に川がある。柴の橋を渡したところに月光が波にあたり玉のように光って、たいそう優美な曙である。「遊子残月を行く」という境地が自分の身の上に重ね合わされてとても見過ごしがたい。どれも、いつの季節も曙の様子は表現のしようもないほど素晴らしい。

岩瀬、滑川を過ぎて笹川の宿場に着いたころ、夜が明けた。

朝日が隅々まで差し込み、空の様子も晴れやかである。今朝、早く出発したのもよかった。馬も元気でよい。道もぬかるんでいなくてよい。天気が晴れやかなのもよいと、みな喜び勇んで行く。この宿場を離れた所に川がある。これがみちのくの歌枕の逢瀬川だというので歌を詠んだ。

けふここにみちのおくなるあふ瀬川あふせあればや渡り行くらん

（今日みちのくの逢瀬川にやってきた。この瀬は逢う約束があるからとして渡る川なのだろう。）

この川を今は夜打川と呼ぶ。それは天正の頃（一五七三〜九二年）伊達政宗卿とわが藩主の遠祖義宣朝臣(注33)が戦った所だという。その折の伊達の家臣で主君に代わって討死したものの墓所が、ここの善導寺にあるという。今も仙台侯が往来す

注33　義宣朝臣…政宗と義宣が戦ったというのは事実である。当時常陸国太田を本拠としていた佐竹氏が南奥に侵攻を開始していた。伊達政宗は天正十二年に家督を譲られ、領地拡大に猛進した。しばしば佐竹義重と戦い、決定的な戦いは佐竹氏の奥州基地である須賀川城を巡って戦った摺上原《すりあげはら》決戦（天正十七＝一五八九年）だった。政宗に遅れて家督を譲られた義宣も参陣していたが、この戦いで佐竹連合軍勢力は崩壊し、佐竹氏の南奥における勢力は縮小した。

注34　安達の原…陸奥国の歌枕。安達太良山南東麓の二本松安達ヶ原に当るとされる。

る際には必ずお参りなさるのだと、馬追いが話してくれた。
郡山を過ぎて高倉の宿に着く間に安積山がある。低い山で松が一本立っているのがそれだという。日沼は山陰にわずかに埋もれずに残っているという。

　埋もれぬ跡もあさかの山路にその名ばかりは残る沼水

（日沼はすべては埋もれておらず、安積山の山道にその名をとどめる沼水がわずかに残っているよ。）

高倉の宿場のはずれに安達川というのがある。安達の原(注34)もこのあたりにあるらしい。今はほとんどが田になってその片鱗さえうかがい知れない。

　おもかげもあだちの原のしらま弓はるけき小田に秋風ぞふく

（面影を求めて安達が原にやってきたが、ただ一面の田が広がって秋風が吹き渡っているよ。）

本宮の宿場の後ろに大きな川がある。これが阿武隈川である。水上は安積山の付近からわずかに流れ出した川である。
この本宮の宿は遊女(注35)が多くいる。旅の途次、息抜きをする所なのである。「君をばやらじ(注36)」という魂振りの歌も思い出されて、私も歌を詠んだ。

　誰にけさあぶくま川のうかれめはまつにすべなく恋渡るらん

（今日は誰に逢うのか定めのない浮かれ女は、待っても詮なくいつまでも恋

早く『古今集』採物の歌として、
　みちのくの安達のま弓
　わが引かば末さへ寄り来《こ》
　忍び忍びに
と歌われているが、『大和物語』五十八段の平兼盛の
　みちのくの安達の原の黒塚に
　鬼こもれりと聞くはまことか
によって歌枕として知られるようになった。中世に謡曲「安達原」、近世には近松半二らの浄瑠璃「奥州安達原」が創られている。
注35　本宮宿の遊女…本宮は本陣・問屋を除いて五十余軒の旅籠があった。天明七年「東国旅行記」には「花の本宮」と書かれ、宿もりっぱで各旅籠には留女《とめおんな》といって遊女に似た女がいる、と書いている。二本松領内では郡山と本宮の二個所のみが飯盛《めしもり》女を抱えた宿駅だった。
注36　「君をばやらじ」…『古今集』東歌「陸奥歌」（一〇七八番）。
　阿武隈に霧たちくもり
　明けぬとも君をばやらじ
　待てばすべなし

続けることだろう。）

道の進行方向に高い山が見える。二本松の嶽という。何か古い言い伝えがあったように思うが、一向に知っている人もいない。この山の茂みに温泉が湧き出て湯につかる人が多い。病いに効用がある湯と聞いたので、それではこの山のことだったかと思ったが、この国はまた他にも温泉の湧く所が多いので、ここも決めがたいのである。この山に続いて少し低い山が離れて見えるのは、会津の山（注37）だという。歌枕としても有名な所である。二本松に着くまでは山道が多くて、馬の足も疲れて元気がない。

午後二時《未》頃に宿場に着いたのだが、先の宿場にはお代官が泊るので、また通行人の足が止められる心配があるので、今日はここに泊ることにした。

十八日　暁に雁の声を聞いた。

故郷の人にもつげよけふここに旅寝言とふ初雁の声

（故郷の人に私は無事で旅を続けていますと告げておくれ。旅寝を気遣う初雁よ。）

朝食時にこの宿場を出立した。

二本松の城下は住居が多く、かまどの煙も盛んに立っており、売り物の種類も豊富で道路や橋もきちんとしている。国守のまつりごとの考え方が偲ばれて、

注37　会津の山…『古今集』にはないが、『万葉集』巻十四「東歌」三四二六番に歌われている。

会津嶺の国をさ遠み逢はなはば偲ひにせもと紐結ばさね

注38　白川は十万石…この作品末尾に松野直純が解説している。旅行途中に聞いたのだから、百に一つの誤りがないわけではないとして、ここの誤りを指摘している。白川藩十一万石、二本松藩十万七百石。

注39　羽黒山…出羽国の羽黒山を勧請して信夫山を羽黒山と称した。信夫山は山岳崇拝が古くから盛んで、古代末には山上に羽黒・熊野・羽山が存在しており、修験的要素を持つ社寺があり、中世には大きな勢力となった。江戸時代初

りっぱである。白川(注38)は十万石、二本松は六万石と聞いたが、白川は及ぶべくもない。

信夫《しのぶ》郡に着いた。山道はまだ続いている。

　ことの葉にかけて忍ぶのおくまではけふ分け入りつ露のふるみち

（和歌に詠まれた忍ぶの里の奥まで今日分け入りました。露に濡れながら。）

清水町のあたりから羽黒山(注39)が近く見える。ここを伏拝《ふしおがみ》という。

福島の宿場に着いた。ここも人の多い宿場である。絹・綿などを商う家が多い。忍ぶ摺りといって色どりした紙や絹などもここで売っている。さて半里《2キロ》ばかり行くと文字摺《もじずり》の石(注40)というものがある。東の山際にあるという。あおだに乗っているので行けずじまいだった。昔、文字摺りした石が偶然に残っていたのだが、古代のものなのでこのようにもてはやすようである。

　何事も残るはかたき末の世にありける石を忍ぶ文字摺

（何事も末の世まで残るのは難しいことだが、文字摺りした石が今日まで
　残っており、古代が忍ばれることである。）

瀬《せ》の上《うえ》という宿場から道はだんだん平らな所が出てきた。夕暮れ、雨が降り出して侘びしさがつのる。今宵は桑折《こおり》(注41)の宿場に泊まる。

出立前から松島の方面を見たいと考えていた。この宿場のはずれに出羽と陸奥

期には元朝参りとともに信達（信夫郡と安達郡）の総社という歴史的事実と古い三山崇拝が結びついて、暁参りという年中行事が行われるようになった。

注40　文字摺の石…　歌枕で知られている。布模様を摺染したという文字摺石。福島市の信夫山麓にそれと伝える石がある。

　みちのくのしのぶもぢずり
　誰ゆゑに乱れそめにしわれなら
　なくに
　　古今集・恋四　河原左大臣

注41　桑折…福島県伊達郡桑折町。奥州街道と羽州街道の分岐点に当っていた。

桑折の奥州・羽州の街道分岐

との分岐点があるので、ここで詳細を尋ね便宜よく行ければ実行しようと、この宿場に泊るのである。

　宿の主人を呼んで尋ねると、ここから仙台までは二十里《80キロ》、仙台から塩竈までは四里《16キロ》あるという。松島雄島《おじま》(注42)に行ってまた仙台に帰る行程である。それには二、三日かかるという。皆を同行したいが旅籠の馬を借りきっての行列は心苦しい、どうしたものかと思案していると、翁は「今回はわたしはお供しないで山形の宿場に直接行き、荷物を下ろして待っていましょう。あなたはめったにない旅なので、是非行ってみてください。」と言う。旅の空の下ではちょっとでも離ればなれになるのは心細いので、やはり一緒に行こうと勧めるが、翁は同意しない。それももっともなことに思われるので、とうとう私ひとりで松島に行くことに決めた。旅の装備の準備や、宿の手配などをして、夜が更けてから床に着いた。

　雨はまだ絶え間なく降っている。明日の道の具合はどうだろうかと案じて、侘しい気持ちになる。

　十九日　雨は止まないが決心したことである。あおだを担ぐ者も山形まで連れて行こうと決めていたので、この者たちに松島まで担いでもらうことにした。翁と一人の使用人はここから別れて、山形の方面へ行こうとしている。お互いに無事で逢えるように祈って別れた。

注42　松島雄島…松島は陸奥国の歌枕。二六〇余の島々を抱く松島湾一帯の景勝地。千松島《ちまつしま》・松が浦島・千賀《ちが》の浦ともいう。長保二（一〇〇〇）年頃、陸奥で客死した源重之《しげゆき》の、

　松島や雄島の磯にあさりせし
　あまの袖こそかくはぬれしか
（後拾遺集）

が、文献上の初出か。雄島は湾内最大の島で「松島や雄島の」の形で詠まれることが多い。松島が全国に知れ渡ったのは大淀三千風の『松島眺望集』、林春斎が『日本事跡考』で日本三景のひとつと数えたことで景勝地として広く知られるようになり、松尾芭蕉の『奥の細道』で決定的になった。

桑折を出た所で仙台道にかかる。藤田という宿場にあけの薬師といってお堂がある。武隈明神、鹿島明神などがひとつ宮に祀られている。その上の山は俵藤太秀郷(注43)が住んだ屋敷跡があるという。

東に向かっていくとだんだん南の方角に高い山が見えてきた。老禅が嶽という。空の青さが雲間から見えて、雨は止みそうになってきた。

通り過ぎた瀬の上の宿場からすでに伊達郡に入ったという。

滝川を渡ると左の高い岡に、松が一本立っているのが見える。義経判官の家臣弁慶法師の硯石(注44)というのがあるというので、行ってみた。岩の広さは一丈《3メートル》あまり、苔むした中央にくぼんだ一尺《30センチ》ばかりの穴があり、そこに水が溜まっている。その岩の隙間から松と桜二本生い出て岩を覆っているのが、年数を経て言い表せないほど素晴らしい。この桜の花の盛りをぜひ見たいものである。この水はたとえ日照りでも枯れることはないという。

ここから北東の方角にこんもり茂った森が見える。国見明神の宮があるところである。国見峠の麓に立っておいでである。

その陰に義経の腰掛け松というのがあるという。見渡したところたいそう近いようなので、行ってみる。松の幹は赤く、畑中に広がって枝が横たわって広がり、東西へ十九間《35メートル》、南北へ十八間、幹の周囲は一丈三尺《4メートル》、高さは九尺《2.7メートル》にあまるとい

注43　俵藤太秀郷…秀郷は九世紀末頃、下野国の在地有力者の子として生まれ、平将門の乱で将門討伐の功に対して都から高い評価を受けた。これで坂東北部の軍事的覇権を確立することになった。俵藤太秀郷は室町期の『俵藤太物語』によって伝説化された。

注44　弁慶法師の硯石…硯石は現在も残る岩の間の桜の木はない。義経の腰掛け松は現在残っていない。

う。幾重にも孫枝を差し渡している様子は、たいそう珍しい見物である。

さて、ここから峠にかかる山道で石がゴロゴロしており、通行に難儀する。嶺から麓まで糸を垂らしたように空堀を二本掘ったものを二重堀《ふたえぼり》（注45）といって、昔、国司秀衡朝臣が掘った砦の跡という。

坂を越えきって平らになった所が伊達の大木戸（注46）の跡と教えられた。日は晴れ渡りよい日和になったので皆喜んだ。越河《こすごう》という所は下紐の関（注47）の跡だと聞いたので、歌を詠む。

いくとしか思ひわたりし道こえて心もとくる下紐のせき
（長い間憧れてきた下紐の関にようやくやってきて、願いが叶い心が晴れ晴れすることよ。）

斎川という宿場近い山道は安倍貞任（注48）が拓いた道で、そこに鐙摺《あぶみすり》（注49）という所がある。十《18メートル》間ほどの間はあおだを頭上に捧げなければ通れないのである。本当に馬の鐙が擦り合うばかりの狭い道である。

このあたりの景色はたいそう趣がある。

山道には蝿が多くすだいており、あおだの中にまで入ってきて人を刺すのである。たいそう痛い。普通の蝿とは異なっている。土地のものはつなぎ虫といっている。

注45 二重堀《ふたえ》…奥州合戦（一一八九年）の際、奥州藤原勢が第一防塁として源頼朝軍との合戦に備えて、厚樫山の山頂から麓まで一直線に走る堀を掘った。
注46 伊達の大木戸…奥州合戦の際の第二防塁として構えられたもの。源頼朝軍と激戦を交えた古戦場。
注47 下紐の関…『歌枕名寄』「陸奥」の項に「下紐関」があり、

東路の遙けき道の行巡り
何時か解くべき下ひもの関
（皇后太后甲斐）

をあげる。地理的には「陸奥国伊達郡」、福島県伊達郡国見町大木戸にあった関所。坂上田村麻呂が蝦夷の攻撃を防ぐため、奥州街道の要衝の厚樫山《あつかしやま》（国見山）に作った関（伊達関）ともいう。

一方、「下紐」（下着の紐）は男女が結び合い、次に逢うまで紐を解かない。しかし、自然に解けるとそれは相手と逢える前兆だとする俗信があった（万葉集）。このように「下紐」が男女の逢瀬を塞《せ》

白石《しろいし》の宿場(注50)に着いた。仙台藩の重臣片倉氏が治めている所である。町並み堂々としてりっぱで、長く続いている城下である。

宿場を出ると白石川がある。そこを舟で渡る。

勝田嶽が近く見える。今日は山颪《やまおろし》が激しく吹いており、寒さは耐えがたい。松風と水の音ばかりを聞きながら進む。

出羽の方角の山は一日中雲がかかっていて見えない。雨が降っているのだろう。翁は山道どんなにか苦しいだろうと思いやる。

今夜は宮という宿場に泊る。白鳥《しらとり》明神(注51)を祀っている所である。宿場の様子、人の話しぶり、がらりと変わるふるまいも様々で珍しい。黄色の菊(注52)をたくさん束ねて持って歩く人がいる。どうするのかと尋ねると汁物にして食べるのだという。白川あたりから菊の花が咲いているのを見出してから、ここに入るまでに盛りとなった。今年は閏月(注53)があるのでこうなるのだろう。

また江戸よりは寒さも身に沁みて、綿を厚く入れた着物を着慣れていくのを思うにつけ、所柄の違いはあるものだとしみじみする。江戸では重陽の節句（九月九日）には盛りの菊を見ることは稀である。蔦かずら、もみじなどがだんだん色づいているのを見ると、他の国よりは寒さが一段と早いようだ。

古河の堤でワレモコウ、オミナエシなどが咲いていたのを見てから白川あたり

く（邪魔をする）ところから「関」になぞらえたので、架空の関とする説もある。

注48　安倍貞任が拓いた道…安倍氏の本来の拠点は衣川関（岩手県）を境とし、そこは奥六郡の玄関口である。前九年合戦における貞任最後の拠点は厨川《くりやがわ》で、福島県に道を拓くことはなかっただろう。

注49　鐙摺り…仙台藩の地誌『奥羽観蹟聞老志』（佐久間洞巌）に「破鐙坂《あぶみこはしざか》」とあり、松尾芭蕉も「鐙摺」と書いている。巨石があって、昭和三年にここを訪れた俳人荻原井泉水は
「…一枚の岩石と一枚の岩石とが相対して、其間は僅に馬が通る位、ここが昔の奥羽街道に於ける天嶮の要衝として聞こえた鐙摺で、馬の鐙が岩に擦れて鳴るから鐙摺というのだ」と書いている。

注50　白石の宿場…白石は白石城下として古くから発達した。白石は城下であると同時に奥州街道の宿駅である。慶長五（一六〇〇）

まではどこも同じだったが、白川からはこれらの花はとんと見ない。薔薇《そうび》(注54)が思いがけず草むらに咲いているのを見た。大木戸に入ってからはナデシコ、ノギクの花盛りである。マンズサゲという花が昨日今日、行く手のあぜ道に咲き残っているのを見ると、このあたりは彼岸から後に盛りと咲き出すのだろうと思われる。今宵は空晴れて月が光っているが、ここは山が近くて月は見えない。仕方なくて床に臥した。

待ちえてもひかりぞうとき枕かる山をうしろに臥し待ちの月

(待っても待っても月の光は届かない。山を後ろに空しく臥すことだよ。)

二十日　今朝はひどく寒い。天気はよく晴れている。刈田の宮の宿を出て金《かね》が瀬《せ》の宿場まではまた山道である。石畳の道で通行する人々が難儀するのは見るのも辛い。

聞きわたるみちの奥とて訪ひこしは山の奥なる行き来なりけり

(かねてより聞いていつか来たいと思っていたみちのくは、山の奥から奥を辿ることだったよ。)

と呻吟した。ここから思うに、どこの国に行こうと山でない道はあるだろうか。ただ私の国武蔵野のようにどこまでも拓けていて、山のない国は他にはないと思われる。

年、関ヶ原の戦いに伴う伊達政宗の白石城攻略によって伊達氏のものになり、慶長七年から片倉小十郎景綱が拝領し、片倉氏代々の居城となった。

注51　白鳥明神…宮宿にある刈田嶺神社は日本武尊の東征伝承と結びついた、白鳥神社としても知られている。社殿の後ろには白鳥の碑が並び、社殿には日本武尊や白鳥の絵馬が掲げられている。

注52　菊の花…『万葉集』にはキクの字句はなく、平安初期の辞書にはカハラオハギとある。キクの字は漢名菊の音から出たもので、平安後期からキクと呼んだようである。キクは最初薬用として導入され、やがて上流社会で観賞用にされ、旧暦九月九日の重陽の節句は菊の節句と呼んだ。室町時代になると食用にされ「四條流包丁書」に、キクの若葉と花を材料にした菊汁の作り方が記されている。江戸に入ると菊酒が珍重された(本朝食鑑)。大名が幕府や大名への贈り物にした(前田藩・細川

藩)。

松尾芭蕉も

　てふ《蝶々》もきて酢をすふ《吸》菊の膾《なます》かな

　　　　　　　　(芭蕉句集)

という句を作っている。涼庵は食べ慣れないのだろうか。珍しがっている。

　キクの葉は各地で天ぷらなどにするが、花を食べる習慣があるのは新潟県以北の地域で、東北地方では各家庭で料理菊を植えている。現在は山形県が盛んだが、八戸市相内では江戸時代から阿《あ》房宮《ぼうきゅう》という黄菊を栽培し、その花弁を蒸したあと海苔状に乾燥させ、菊海苔(乾し菊)を作り出荷している。近年は多くの食用菊の新品種が育成栽培され、ほとんど一年中生産している。

　また菊には救荒食という一面もある。一関藩藩医建部清庵は『民間備荒食』の中で菊は「葉、花とも煮熟して食す」と書いている。飢饉の際の非常食であるが、涼庵が白石で聞いた調理法と同じである。仙台藩の行事食に菊は使われていない。粗末な食物という位置づけなのか。

注53　今年は閏月…天明元年は五月が二回あった。

注54　薔薇…しょうびの直音化。ばら・いばら・しょうび。有刺の低木類のバラをイバラと呼んでいた。花期は新暦で五～六月。この場面は新暦でいえば十月はじめだから「思いがけず」といったのだろう。

　憂《うれ》ひつつ岡にのぼれば花いばら

　　　　　　　　(与謝蕪村)

食用菊

大河原という宿場に着くまでの道に漆《うるし》(注55)の木が多い。木の皮に傷がついているのはみな漆である。名取川(注56)の末流を越えるとき歌を詠んだ。

恋路にぞかけてもつらき名取川これはうれしき瀬にわたりぬる

(恋路として渡るのはつらい名取川だが、これはうれしいことに背＝夫に通じる瀬を渡ることだよ。)

槻木《つきのき》の宿場に着いた。ここから仙台まで七里《28キロ》の間は山がないという。前方に大きな川がある。舟を浮かべて所々で鮭を捕っている。ヤスというもので突いて捕るのである。この川は阿武隈川の末流という。

めぐり来てまたここにしも逢隈の渡りは深きえにしとぞ見る

(歌枕を求めみちのくにやって来て、再び逢隈川に出会うとはよほど深い縁があったのだ。)

岩沼の宿場も仙台の重臣古内《ふるうち》氏が治める城下で、町並みは長く続いて人通りの多い所である。ここは古代、国府(注57)のあった地で武隈《たけくま》の館の跡だという。武隈の松も町の半ば、明神の祀られている境内にあるという。

岩沼の宿場を出て松並木がはるばる続く街道を行く。山は開け田は広々として、たいそう平坦な土地柄である。このあたり藍の畑が多く、藍の葉をしごきむしろに載せて干している。これはみな女の仕事だという。藍の葉を揉《も》んだ手が青く染

注55　漆…「封内土産考」(一七九八年)に名取川流域の仙台領名産として、藍・漆の産、名取川の鮭漁をあげている。

注56　名取川…歌枕。『古今集』六二八番歌が有名。

陸奥にありといふなるなとり川なき名とりては苦しかりけり　(忠岑)

「名取川」は「陸奥国名取郡」に属すとされ、現在の仙台市・名取市を流れ、仙台湾に注ぐ川。

注57　古代の国府…多賀城以前の国府が置かれた武隈の里。藩政時代には藩主の江戸参勤の御昼食所に指定され、本陣を置いた駅伝馬駅だった。また天文の頃(一五三二〜五五)から毎年百日の馬御用市が開かれ、伊達晴宗が米沢から人を遣わし馬を求めさせた。

まって見るさえ不快なのに、その色はどのようにして取るのかと尋ねると、カタバミの葉で洗えば落ちるのだという。

午後二時《未》を過ぎる頃、増田の宿を通過して中田という村を出たところに大きな川があった。渡し守に尋ねると、これが名取川だという。それでは昼頃渡ってきたのはまさにこの川の末流だったのだ。

　暮れやすき秋のならひの名取川かちよりゆかん日も入らぬまに

（暮れやすいのは秋の日の常である。名取川を歩いて渡ろう、日が暮れてしまわないうちに。）

あおだが遅れているのを待つ間、故郷の土産にと河原の石を拾う。本当に暮れはじめ道も覚束なくなったので、急いで次の宿場を目指して行く。明日は塩竈へ行くので、潮目のよい時間に間に合わせるために急ぐのである。この間は松原がはるばると続き、行先ははるかに遠い。

すっかり暮れ果ててから長町という宿場に着いた。宿場の様子は田舎びており、すべての面で簡略な扱いの宿であった。

二十一日　ここから塩竈まで五里《20キロ》以上あるというので、急いで身支度して出立した。

清瀬という所に着いた。川向かいは仙台の城下のはずれである。家並みの様子

注58　小石川、白山あたり…江戸城の外濠にあたり、敵の侵攻を受けた際の最初の防御ラインとしての濠近くの地であり、徳川御三家や有力譜代の屋敷が配置された。現在の本郷通りは日光御成道で街道筋には史跡が多い。小石川養生所や白山神社などがあり閑静な落ち着いた地域だった。

は江戸のおもかげに似て、懐かしい感じがする。小石川(注58)、白山あたりの住居の佇まいによく似ている。今朝は朝日が特に美しく晴れ渡り、うっすらと霜の降りている野面に出た。ここが有名な宮城野の原(注59)である。萩がところどころに見え、下葉が枯れかかっている様子を見て、花咲く時期に間に合わなかったのは残念だが、このようにやってこられたのも並々でない縁があったのだ。なんとはなしに興趣が湧いてきて、歌を詠んだ。

分け来てぞさらにも忍ぶ宮城野や見ざりし花の秋の萩原

(道の奥まで分け入ったが、さらに深く宮城野を偲んでいる。今回見ることができなかった萩の花咲く宮城野を。)

「雨にまされり(注60)」と詠まれた木の下道も半ばは鋤《す》かれて、粟を蒔く百姓の畑と化している。わずかに残っている木立だけが古今集に詠まれた名残なのだろうと見渡される。

朝日さす木の下路は霜とけて真萩色づく宮城野の原

(朝日差し込む木の下路は霜とけて、萩の葉が色づいている宮城野の原よ。)

この原の鈴虫は特に声がよい。藩主にも毎年献上(注61)するというので、その虫選びが終るまでは、番人を置きむやみに人が立ち入らないようにしているのだという。また、藩主が花見をなさる所で榴《つつじ》ヶ岡《おか》という小高い岡に、たくさんの桜が植

宮城野萩

注59　宮城野原…「宮城野」も同じ。和歌に詠む際、五音に置くか七音に置くかで「原」がつくかつかないの違いである。陸奥国の歌枕。『古今集』から詠まれている。みやぎのの本粗《あら》の小萩露を重み

えてある。葉が紅葉しているのに目がいってしまう。

このあたり田面が遠くまで広がり、野道が何本にも分かれており、森の佇まいも風情あって良い所である。

東の方角にわずかに見える山が塩竈だという。松並木がはるばる続き宮城野の方を見渡しながら、山道を登ったり下ったりしながら行く。小高い所に着いて南東の方角を見ると山がなくなり、海の光が梢にゆれている。今日はじめて海を見、突然だったので驚き感動を覚えた。

いよいよ塩竈に近づいたと思うと嬉しさはこの上ない。

北の方角に大きな山が見える。人に尋ねるとふたつ嶽という。

今市という宿場に入った。行く手の橋が落ちて川を歩いて渡る所が多い。ここは宮城郡である。市川村という所の畑中に塔が立っている。壺《つぼ》の碑《いしぶみ》（注62）だというので急いで行ってみる。故郷にあったときから是非見たいものよと思っていた多賀城の碑である。数えてみれば千三百年以上も経っているのに、文字の跡も鮮やかに読めて当時の人に逢う心地がするのは、不思議でもあり尊くもあり、石ほど世に久しく在るものはないなあと、しきりに眺められて時の経つのも忘れた。


かきおけるしるしまさしき石ぶみの千とせふりぬる跡もたどらす

（書き残された文字はまさしく多賀城の碑である。千年以上経た文字は当時

風を待つごと君をこそ待て
（読み人知らず）

宮城県仙台市の野。古くは名取川から北一帯の仙台平野を言ったというが、仙台市榴《つつじ》ヶ岡東方の宮城が原をいうとする説がある。城下から下ると新寺通りの尽きる所が二軒茶屋でそこから東を宮城野とされている。平安時代からすでに宮城野は歌人のあこがれの地であり、萩と鈴虫は都にも知れ渡っていた。伊達氏の代にも萩のほかに七草や様々な草花が咲き乱れ、ヒバリやウズラが多く巣を作っていた。藩では狩猟を禁じ野守を置いて監視させ「生巣原《いけすはら》」と言われた。現在は戦前の宮城野原練兵場の跡地に総合運動場やプロ野球球団のホームグラウンドがあり、和歌に詠まれた世界はない。

注60「雨にまされり」…『古今集』東歌一〇九一番に、次のように詠まれている。

御《み》さぶらひ御《み》笠と申せ宮城野の
木の下露は雨にまされり

注61 毎年献上…「封内土産考」

を忍ばせてくれる。）

城跡は北の方角の少し高い岡である。今も時々、その時代の瓦などが出土するという。国分寺も遠くないので、このあたりは陸奥国の中心だったのだろう。鎮守府も設けられていたようだ。

都から千五百里というのは、奈良の都からここまで現在は二百五十里(注63)なので、当時の一里は六町にあたると思われる。名取郡からは現在も六町を一里と数えるのは、古代の名残をとどめているのであろう。

塩竈に着いた。海岸が近い所で商人と漁師の家が混じり合って住む、賑やかな町である。

塩竈明神(注64)にお参りする。当国一の宮である。石段を長々と登った高いところに祀られている。別宮が一社ある。楼門の左側に泉三郎(注65)が奉納したという鉄製の燈台があった。撞き鐘は明応六（一四九七）年に鋳造したと彫られている。

松、杉の木立が深く茂り朱の玉垣に映えて美しく、巌などもみな苔むしている様子は、神代もかくばかりかと尊さがこの上もないものに思われる。

また、町の中に明神のお釜というのが四つ、玉垣を回した中にある。これは明神がこの国の人々に塩を焼く技術を教え始めなさった時、竜宮からお借りになったお釜であるが、もとは七つあったのが三つ返却なさった残りだという。ここで

に宮城野の鈴虫について、この地の産、もっともよし、声も上品である、と書いている。宮城野の鈴虫は萩とともに平安時代から京の人々に知られていた。現在、夏になると地元の保存会が希望者に鈴虫の幼虫をわけているニュースに接することがある。
注62　壺の碑…多賀城碑。碑に神亀元（七二四）年に創設されたとある。多賀城は陸奥国の国府であり、蝦夷統治の拠点である鎮守府だった。
注63　都から千五百里…一里三十六町（約四キロ）は豊臣政権が採用し江戸幕府が踏襲した。自領の里程書き上げの際には、三十六町に統一させられた。しかし、領国の風俗を維持することは領主の存立根拠と考えられていたから、たとえ幕府の命令であっても自領の風俗・文化は自負を持って維持した。明治政府が一里三十六町と里数改訂したにもかかわらず、昭和十年代に宮本常一は「民間では、新潟の北から山形県、青森の方に

食事をし休んでいるうちに舟の手配をした。

いよいよ松島を見ようと浜辺に出て、千賀の浦から舟出した。小さい舟に漕ぎ手が三人乗って漕ぎ出した。

松島というのは島山が遠くに連なって荒海を隔て、その内海となっている所の三里《12キロ》ほどの入り口にたくさんの島が集まっているのを言うのである。山も岬も松が生えていないところはない。なるほど松島という名前のとおりである。おぐろ崎に続いておおくろ崎というのがある。うばが崎、はらいが崎、てらが崎など、どれも陸続きに張り出している。

まず、みつの小島(注66)に上がった。それと並んでまるい形の島がある。籬《まがき》が島というそうである。この島には明神が祀られている。松と竹が茂っている中に鳥居が立っているのが見える。

ここを通り越して漕いでいくと、どこまでも広がる内海に出た。海の面はたいそう静かで、まるでたらいの中を行くようである。眼前に開けて、目に入るものすべてが珍しい所である。

沖の入り口に長く臥したような島が見えてきた。からことという島と舟頭が教えてくれた。

その向かい側に金華山が近くに見える。山の姿は尖っていて、三つの峯が見え

かけては一里六丁がごく最近まで生きていた」(『野田泉光院』)と書いている。

注64　塩竈明神…塩竈神社は陸奥大小百座の神々の総鎮守として創められ、昔から国土開発・海上守護・安産守護・武徳の神として全国から崇敬されている。「弘仁式主税帳」に初めて塩竈神社の名が出ており、その八十年後の「延喜式主税帳」(九二七年)には他の神社には例のない祭神料一万束を受けたことが記されている。国家から重要視され特別の尊崇を受けていた。「奥州一ノ宮」といわるようになったのもこの頃と推測される。奥州の総鎮守として平泉藤原氏・源頼朝・奥州留守職伊沢氏・伊達氏が相次いで尊崇した。藩政時代には社領二千二百石、社人二十九家、別当法蓮寺の他寺坊十二院を有し、維新後には国幣中社に列せられた。

注65　泉三郎が奉納した鉄製の燈台…泉三郎は藤原秀衡の三男、忠衡が奉納したもの。「奉寄進　文

る。左の峯は低く、中の峯は特に高くそびえている。

また、沖の入り口はるか遠くに島ふたつ出て来た。あいの島、水島という。あいの島は箱ものの形をしており、水島は碁石笥《ごいしげ》(注67)の石がひとつ浮かんでいるように見える。

また、千鳥島というのが見えてきた。なるほど鳥が浮かんでいるように見える。そのうちに舟の行く手近くに島がひとつ現われた。大きな石を立てたような島である。あまいぬ島という。また、入江に鍋島というのが見える。鍋を伏せたような形をしている。

舟が漕ぎ進むにつれ沖の島が遠くに代わる代わる現われてくる。おやふね島、屋形島、二子島などと舟頭は勝手に呼んでいる。おや舟という島は草木のない島で、まるで舟が止まっているように見える。蛇島という島の側を過ぎた。石の模様は蛇のそれと同じだ。

また、沖の方に雀島、太鼓島、えぼうし島、問答島という島々が見える。問答島というのは特に大きい島ふたつ向かい合っている様子が、話し合いをしているように見えるのでこう名付けたのであろう。

こちら側の岸の奥に釜が渕という所がある。渦を巻いてたいそう恐ろしく見える。これは明神が竜宮へ釜をお返しになった所なのだという。

治三（一一八七）年七月十日和泉三郎忠衡敬白」と彫られていた。ただし実物は先の太平洋戦争時に金属供出し、現在のものはレプリカである。

明応六（一四九七）年の撞き鐘も供出させられ現在は存在しない。

注66　みつの小島…陸奥国の歌枕。『古今集』に陸奥歌として、

小黒崎みつの小島の人ならば
都の苞《つと》にいざといはましを

とある。しかし、この「みつの小島」は宮城県大崎市鳴子町とする説や『五代集歌枕』は山城国としている。

注67　碁石笥…「ごけ」とも。碁石をいれる容器。

また、沖の方にたいそう大きく長い島が現われてきた。橋かけ島というのだそうだ。それに続いて二王島といって笠の形をした島が見える。その次にはだか島というのが見える。象が鼻を垂らしたように見える島である。なお遠く離れた所に、抜けた羽根のように白く見える島がある。地蔵島というのだという。舟の行く手にたいそう大きい島が見える。内裏島という。その側に十二の后島といって、一箇所に十二の島が集まっている。全部石が集まってできたという。それに続くのが都島という。最初に見た沖の入り口の島々は、舟の進むのにつれさまざまに分かれながら、手に取るばかりはっきりと見える。はた島というのはひとつに見えたが、ここではふたつに分かれて見える。問答島もひとつに見える。

千賀の浦は所々に舟を浮かべて漁をする舟が多く見える。

入江の水底は清く澄んでいて、名も知らない藻が繁茂しており、波の色はどこまでも青く畳を敷いたようにのどかな様子には、表現する言葉もみつからない。いろいろに不思議で興ある島陰を舟で漕ぎ巡る。小亀の模様に似た島をよろい島という。手を立てたようにそびえているのは、けそう島という。岩が空洞になっているのはみのわ島という。くらかけ島、鐙島といってふたつ並んでいる島がある。その側のはげ頭のようなのは兜島という。伊勢島、小町島といって同じような島がふたつ並んでいる。貝島というのは広くてうるさいほど松が生えている。

　また、沖の方にかつ島、のの島といって大きい島ふたつ見えてきた。住居も多く漁師が住む島だという。また、とうな口という島がはるかに見える。石の巻の沖の入り口の島だという。近く通り過ぎるのはかやのの崎といって、岸に続いた岬がある。このあたりの右や左に入り組んでいる島々の数は知れない。海上を進んでいる感じがしない。まるで谷川の中を進む心地がする。毘沙門島、せいがん島、あさり島、翁島、福浦島、てそか島、弁天島、大黒島という陰から布袋島という島が現われた。雁金島というのは雁金山の麓にあるのでいう。海人島、玉島、屏風島など次々と並んで現われる。沖の方には大浜、月の浜、里島というのが見える。どの島も住居が千軒ばかりあるという。

　また、それに続いてさぶさわぬの島、むろの島、みやと島、福島という大きな島が見える。どれも人が多く住んでいる所だという。

　すべての島々は絵に描いたように立ち並んで、松の姿や巌の様子はわざわざ拵えたように、あるものは不思議な形をしていて、このように珍しい所は世の中でまだ見たことがない。島々は高く、様々な名前（注68）で呼ばれるのはその姿にちなんだものだろうが、あまりにも変で田舎びた名を数え立てるのは、かえって興ざめでくどいように思われるが、ただ見たものを漏らすまいと書き続けた次第である。

注68　様々な名前　島々の名…松島の島数については次のような数え方がある。
　『松島眺望集』天和二（一

けふ来ずばいかで刈らまし松島や小島の浪のかかる海松布《みるめ》を
（今日もし訪ねて来なかったらどうして刈ることができただろう。小島の浪に濡れた海松布を。）

夕暮れ近く雄島(注69)に着いた。舟を下りて一夜の宿を求めた。

宿の主人を伴ってここの瑞巌寺(注70)を見に出かける。藩主の御殿三箇所あるのを目標にして拝礼する。御殿の荘厳で優美なことといったら表現する言葉もない。このように優れた景勝の島山に構えられたことも最高の美を構成している。

雲居禅師(注71)の座禅窟などに入って拝礼すれば、その尊さに心が澄んできて、まことに訪ねた甲斐がある。昔は天台宗の寺だったのだが、修行の乱れが募ったので、北条時頼殿(注72)がその僧たちを追い出して、今日の仏心宗の禅院に改めたと主人は語ってくれた。

寺と並んで月見が崎という所の海に臨む場所に、藩主が月見をする御殿(注73)がある。主人の案内で入ってみると、東に向いた座敷から島々が遠くまで見渡される。この御殿は豊臣太閤殿下の伏見殿のものだったのを、政宗卿が賜ってここに移したもので、同じしつらえであるという。

黄金の障子(注74)、白銀の調度など当時の最高の画師や職人の技術は見所があり、比べるものがない。中国渡来の木で造った高殿だという。床の間上段には政宗卿が

六八二）年　九一島
『塩竈松島図』享保十三（一七二八）年　一〇八島
『封内風土記』安永三（一七七四）年　八七島
『松島巡覧記』安永七（一七七八）年　一五五島
『松島図誌』文政三（一八二〇）年　一二二島
『塩松勝譜』文政六（一八二三）年　二三五島

ここでは『松島眺望集』と『松島巡覧記』に記録された島名を紹介してみる。涼庵の記した島名と一致する島名には傍線を施した。

『松島眺望集』の作者大淀三千風は俳諧師で十五年間雄島に庵室を結んで俳諧の修行の傍ら、仙台に俳諧を根付かせ、また、松島を名所として喧伝した。『松島眺望集』は三千風が全国から松島に関する漢詩・発句を募集して編纂したもので、ここに九十一の島が並べられている。

雄島・籬島・宮戸島・浮島・鷺島・鵜島・行人島・絵島・

翁島・蛇島・蓬島・湯殿島・箱石島・屏風島・福浦島・経島・徳浦島・朝日島・般若島・青柳島・樺島・二子島・布袋島・大黒島・小人島・毘沙門島・女御島・男島・西行島・伊勢島・鯨島・雀島・鴎島・蛙島・鳥子島・駒島・いのこ島・小町島・長範島・漆島・羽島・一島・貝島・唐戸島・萱島・夷島・榊島・雪島・箕輪島・甲島・鎧島・ひうち島・付木島・橋掛島・物言島・松浦島・盗人島・桂島・水島・船島・岩井島・蘆間島・海松《みるの》小島・裸島・笈掛島・魔風島・西風島・つづら島・しのぎ島・舞島・はたち島・柏木島・鍋島・腰掛島・呼声島・夜神楽島・いぼ島・くぐり島・榎木島・恋島・網地島・田代島・鳳島・兎島・鮫島・海老島・仏島・旗手島・枯木島・内裏島・ありたけ島

次に涼庵の訪問の直近の相原友直の『松島巡覧記』に記録された島名を掲げる。同じく涼庵と重なる島名には傍線を付す。相原は元禄十六（一七〇三）年に仙台藩気仙郡高田に生まれ、仙台で医学・経史を学んだ後、京都に遊学した。帰郷の後は医師をしながら仙台領の地誌類の執筆に明け暮れた人物で、実証的な考察をする。

朝日島・千貫島・とくら島・般若島・都島・屏風島・二子島・ゐびす島・大黒島・布袋島・伊勢島・小町島・鎧島・かぶと島・蓑島・内裏島・柳島・ゆき島・みの島・かもめ島・くらかけ島・いぬ島・やけ島・物言島・盗人島・桂島・さんひゃく島・小室島・濁り島・南島・あやめ島・かすみ島・手樽島・ふか島・きり島・美女島・とうこ島・しの島・花渕島・姫松島・ひから島・逢初島・露島・琵琶島・とび島・鳥島・蓼島・雀島・法師島・瀉が島・火うち島・つけき島・橋かけ島・鳥の子島・岩井島・あら島・亀が島・蛙島・女子島・男子島・つらと石島・見物島・隠れ島・みるか小島・はだか島・追かけ島・つゝく島・百合島・なべ島・二つ島・船橋島・仏島・間島・小島・権現島・間風島・西風島・東風島・濱なし島・しのき島・鬼が島・前島・はたち島・すけ島・長範島・乾島・柏島・はけ島・腰かけ島・大かけ島・鷺島・手島・魚石島・鯨島・れゐ島・絵島・行人島・蛇島・橋けた島・はこい島・よひ足島・野島・いよ島・むかくら島・くらと島・いほ島・幸神島・旅しり島・入道島・九艘島・榎木島・との島・恋島・館が島・検見島・ほとめき島・箱石島・九野島・苫島・おき島・天神島・小松島・やくら島・長島・寺か島・鸞《らん》島・あちか島・薬島・清水島・手籠島・はなれ島・雑掌島・岩間島・女郎島・ひとりめ島・つゝし島・金色島・阿弥陀島・鵬《おおとり》島・普賢島・なこめ島・市川島・馬の背島・遊女島・ゆかひ島・姥が懐島・閉戸島・明戸島・鞍敷島・椿島・仙洞島・絹かけ島・いもせ島・金石島

涼庵は聞いた島名をできるだけ書き写そうとしているが、ほとんど同時期に訪問した相原友直の名とあまり一致していない。船頭の説明の精粗とか別名で呼ばれることによる不一致だろうか。百年の隔たりはあるが『松島巡覧記』は『松島眺望集』と一致する名が多い。旅人より地元に近い人の耳によるのか。

注69 雄島…歌枕。「陸奥国宮城郡」（宮城県宮城郡松島町松島）にある。松島湾内の代表的な島で「御島」（千松島）からの名。「雄島の海人《あま》」の歌枕もある。和歌に平安時代から詠まれたが、中世には霊場として

雄島参りも行われた供養の島であり、信仰・修行の場という側面も加わった。

注70　瑞巌寺…平安時代に創建され、はじめ延福寺と称し、鎌倉幕府の帰依を受けた。ついで円福寺となり天台宗から禅宗（臨済宗）に改まった。その後、伊達政宗が慶長十（一六〇五）年から四年かけて復興造営した。造営は領民に対する権力の誇示・宗教による平和実現・五穀豊穣・安心実現の象徴としての大事業だったが、これにより松島と伊達家とは確固たる結びつきが確立し、瑞巌寺歴代住職との共同事業によって、松島は一大法城と化した。

注71　雲居禅師…政宗が心魂傾けて造営した瑞巌寺に、政宗の遺言と子息忠宗の三顧の礼によって京都妙心寺から迎えられたのが雲居希膺《うんごきよう》（一五八二～一六五九）である。カリスマ性豊かな宗教者で松島に特徴的な異能者の系列に属する人。大干魃時の雨乞い祈祷によって降雨させたとか雄島では幽霊の救済などを行った。

注72　北条時頼…時頼の時代にこの地に進出し、天台宗寺院延福寺を鎌倉の建長寺末の臨済宗寺院円福寺に編成替えした。そこには鎌倉から中国人渡来僧をはじめ、著名な禅僧が送り込まれ、当時としては最先端の異国の宗教文化が花開いた。

注73　月見の御殿…観瀾亭《かんらんてい》のこと。文禄年中（一五九二～九六）に伊達政宗が豊臣秀吉から拝領した伏見桃山城の一棟を、江戸品川藩邸に移築した。二代藩主忠宗の時、もともとあった松島の月見殿が焼失したので、品川藩邸から船でここに移築した。観瀾亭の命名は五代藩主吉村の時。藩主や大身の武士、幕府巡見使などが宿泊した。

注74　黄金の障子…二室のうち南の室は床の間の壁やふすま障子の腰張りに金箔を張り付け、極彩色の林木花卉と渓流の図が桃山風に大胆で華麗に描かれている。狩野派の山楽とその一派の作と言われている。次室との間の欄間に掲げられている「観瀾」の文字は七代重村の手によるもので、銀箔の上に書かれている。

雄島

「雨奇晴好(注75)」の四文字を分字でお書きになったものを掲げている。東坡居士が西湖を詠んだ詩を想起させられるのも、所柄趣深く思われる。筆使いは古めかしく今の世の人には及びもつかない技術である。見るものすべてが珍しい。

夕暮れになって宿に戻り、食事、入浴など済ませてから高殿に登って四方を眺めた。近くの宿で塩竈(注76)から遊び女を連れてきて遊んでいる。男女の声入り乱れて騒がしく、一晩中歌い遊ぶので少しも眠ることができなかった。窓の戸を少し開けて月を窺うと、光はだんだんと明るさを増してきたが、この宿は少し月の位置とずれて建っているので、月は正面から射してこない。五大堂の松の上に月が移るころ、言いようもないほど素晴らしい。

入江は波が静かで島の浜辺に行き通う島の声などがほのぼのと聞こえてくる。荒海の波は島山を隔ててはるかに音だけが絶えず聞こえてくる。

磯山にいざよふ影はさしながら更けゆく月をまつがうらしま

(磯山の上を月はいざよいながらやがて更けていく。松が浦島の月を待ちかねたことよ。)

二十二日　朝のうちにここにある五大堂(注77)にお参りする。昔、藤原秀衡朝臣が五人の子どもになぞらえて造立した御堂だとかいう。瓦は古び、彩色ははげてたいそう古びてはいるが、欄間や長押の彫刻は技術の粋を極め、荘厳さは格別である。

注75　「雨奇晴好」…北宋の詩人蘇軾《そしょく》(東坡居士)の詩から採ったもの。蘇軾は王安石の改革に反対して左遷された。唐宋八大家の一人。左の詩の部分である。淙庵は「分字」で書いているとしているが、分字は本来、漢字を分解して読むことをいうが、ここでは漢詩の一部を組み合わせたことをいっている。

水光瀲灔晴方好
山色空濛雨亦奇
欲把西湖比西子
淡粧濃沫總相宜

「雨奇晴好」は「晴雨どちらも景色がよい」という意味になる。

注76　塩竈の遊女…仙台領で遊女を置くことが公認されたのは塩竈など港町である。全国に松島の遊女が有名だが、塩竈の遊女のことである。塩竈には三十～四十軒あった。

注77　五大堂…大同二(八〇七)年に坂上田村麻呂東征のとき毘沙門堂を建立し、天長五(八二八)年に慈覚大師が延福寺(現存の瑞

島をふたつ越えて参詣する所で、橋が二本架かっている。
東の海がはるか遠くに見渡され、朝日が一点の曇りなく射してきて、今日も天気が良いようである。
このように急ぐ旅でなければ石の巻にも行き、金華山(注78)にも詣でたいなど言っても詮ないことを嘆くばかりである。

朝潮の干潟をかけて緑こき木の間を渡る松島の橋

(朝潮が引いた干潟に渡した松島の橋が、緑濃き木の間から見えるよ。)

ここから漁師の小舟(注79)で富山(注80)に行こうと計画する。まず、朝凪のうちに雄島に舟を寄せて見仏上人(注81)の旧蹟に拝礼する。座禅窟骨堂などは特に古びており、尊いことこの上もない。昔からある禅室の側に修行の念仏堂を建てて行いをする聖人を訪ねて、心が洗われるようなお話を聞いては、少しの間、俗世の穢れを忘れる思いがした。

帰るさも雄島が礒の浪ならぬあはれはかけて後もわすれじ

(帰り道、雄島の礒の浪ではないが、しみじみとした思いはいつまでもつきまとい、終生忘れることはないであろう。)

と思い続けられた。ここを土地の人は「今の高野」と呼んで尊い道場と考え、この島近くでは漁することも遠慮している。これにつけても、仏の広き教えは隔て

巌寺）開基のとき五大明王像を安置した。現在の五大堂は伊達政宗が慶長九（一六〇四）年六月に修造に着手し十二月に竣工した。一階宝形造り本瓦葺き白木造りである。観瀾亭も正保年中（一六四四～四八年）に移築され、松島海岸一帯は瑞巌寺を中心に、堂塔や伽藍が立ち並び、海上の美観と相まって名勝松島の名が天下に知れわたった。

注78　金華山…牡鹿半島の東南端にある島。『松島眺望集』には「金花山」とあり『万葉集』の大伴家持の長歌に「黄金花咲く」と詠まれたのはこの金華山だと、長い間信じられていた。

注79　漁師の小舟で…伊能忠敬は松島から富山経由で塩釜まで七百文で頼んでいる。塩釜―松島間の船賃は公定されていなかったようだ。ちなみに七百文は四文百円とすると一七五〇〇円ほどか。

注80　冨山…松島町にある標高一一六・八メートルの小高い地。舟山万年が塩松（塩釜・松島）の四

なく降り注ぎ、有り難いことに思われる。

さて、ここから又舟で富山を目指す。すべて松島というのは多くの島山が荒海を隔てており、その内側を舟で通行するので、特に海には見えない。今日は風もひときわ静かで波は立っていない。舟人たちは声を合せて櫂を操り、ほどなく富山に着いた。

ここも瑞巌寺の別院であり、札所の観音がおいでになる。畦道もないところを近道だとしてかき分けながら進み、疲れ果てた上にさらに高い山に登るのは苦しい限りである。山門の坂道は特に長く、汗にまみれて苦しい。

寺に案内を乞い書院の庭に入って眺めると、まことに松島の佇まい、塩竈、末の松山まで遮るものなく見える。島山は幾重にも重なって続き、たくさんの島が手にとって数えられるようだ。絵に描こうにも人の手では成しえない景色である。「松島の景は富山にあり」と土地の人が言い草としているのももっともなことである。言葉で表現するのは難しいが何も言わずには帰れないと、漢詩をひとつ作って僧に与えた。一日中見ていても飽きない景色であるが、そうもしていられないとここを立って、もと来た道をもどり舟に乗った。昨日見た島々を眺めながら帰る。追い風になり帆を引いたが、風が緩く流れるので舵を添えて漕いで行く。いつの日か又来てみることがあるだろうかと思うにつけても名残惜しく、目を

大観《だいかん》と名付けた。雲居上人の後を継ぎ第百世となった洞水がここ冨山に大仰寺を開いて隠棲した。大仰寺庭前からの眺望が四大観の一つである。

もっとも早く冨山を紹介したのは大淀三千風（既出）であるが、以来、多くの文人が訪れた。涼庵の原文は「松しまの景はとみ山に有とここの人のこと草にいへる、むべことはりに思ひしらる」とある。この評語は常陸の長久保赤水の『東奥紀行』に「松島の景はことごとく冨山にあり」とあるのが近いが、赤水が東北地方を旅したのは一七六〇年だが『東奥紀行』の刊行は一七九二年なので、涼庵は読んで知ったわけではなく、土地の人の言い草だったのだろう。地元の佐久間洞巌『奥羽観蹟聞老誌』、尾張の細井平洲『遊松島記』、橘南谿『東遊記』でも激賞している。

注81　見仏上人…その記述には疑問の箇所もあるが、瑞巌寺に伝わる『天台記』には　見仏上人は長

凝らしてみつめる。午後二《未》時頃塩竈に帰り来て食事などしたが、時が移れば遅くなってしまうと、急いで出立した。南の方角に末の松山(注82)がはるかに見える。

浪こゆる音かと聞くは秋風のこずえをわたる末の松山
（浪の越える音だろうかと聞いていると、それは末の松山の梢を渡る秋風の声だった。）

たいそう長く続く松林の間から海がほのぼの見える。

あおだをいそがせながら休むこともなくやってきたが、日が暮れてしまった。宮城野で宿りたかったのであちこち交渉させたが、ここは旅人を泊めない所だとつれなく断られたので、城下でなくては泊まるところはないのだろうと、思いも掛けず歩き続けることになり、道に迷ったりしてほうほうの体で夜更けて仙台に着いた。

国分町(注83)という所に宿を取った。みなすっかり疲れてしまったので、明日はゆっくり出立しようと言って、それぞれ夜具を被って臥した。

二十三日　宿の主人が城下をお見せしましょうと言うので、一緒に出た。東北の中心の地なので、町並みをはじめとして城の様子など、東北の中心にふさわしく思った。芭蕉の辻(注84)という所は江戸の家並にも劣らない。ふっと故郷の本郷や麹町などに立っている気持ちになる。宿に戻って食事をしていると、商人が入れ替

治元（一一〇四）年に松島を訪れた後、雄島の妙覚庵に定住したとある。元永二（一一一九）年に鳥羽院から姫松千本を下賜されたことから、今の雄島は「千松島《ちまつしま》」と呼ばれるようになったという。十二年間雄島から一歩も出ることなく法華経六万巻を読誦し、超常的な力を身に付けたとある。『新後撰和歌集』にある蓮生法師との贈答歌の存在から、見仏上人は十二、三世紀に実在したことが窺える。

注82　末の松山…みちのくの歌枕。『古今集』陸奥歌に詠まれている。
君を置きて他心《あだしごころ》を我が持たば
末の松山浪も越えなむ
宮城県多賀城市八幡の末山八幡宮付近にあったとされる。

注83　国分町…伊達氏が岩出山から仙台に遷るまで国分氏が領していたが、木ノ下周辺に住んでいた家臣や町人を芭蕉の辻から北へ移住させた所が国分町だった。国分町には一四〇～一五〇軒ほどの商人が住んでいた。毎年、馬市が立ち賑わう所だった。

わり立ち替わり入って来て、いろいろなものを出しては「買え買え」という。土地ならではの品をひとつふたつ求めているうちに、日も高くなってしまうというので、主人に別れを告げて山形の方へ(注85)と出立した。

町を離れると又山道にかかった。どこまでも谷川の音を聞きながら行くのである。このごろは波の音に耳慣れていたのが、今度は谷川の音に変わっていく旅路も珍しい。

薪を山から伐り出して馬に負わせてやってくる。長い木のまま運ぶのである。何頭となく行き合う馬で道は避けきれないほど混雑している。

落合という所で休む。雨が降り出してきた。近頃、晴天が続き雨の降る頃なのだが、山道に差し掛かってはたいそう佗しいことだと心配する。

城下からこのあたりまで、どの家の入り口にも、墨で塗った子どもの手形を貼っている。どういう事かと尋ねてみると、先年、頬が腫れる病気がはやり、多くの人が亡くなったという。それで病気にかからないための呪《まじな》いにするのだという。四人目の男の子の手の形を押すのだという。

白沢という所に着いた。

馬場という宿駅まではふたつ山を越えなければならないという。夜道になったら危険だろう。ここに泊まった方がよいのだが、日も南西に傾いてきたので困り

近江商人など移住してきた人も多く、呉服問屋、味噌問屋、薬種などの豪商が生まれ、奥州街道に面していることから宿駅としても繁栄していった。

注84　芭蕉の辻…仙台城大手門から大町への道と国分町（奥州街道）が交差する地点が芭蕉の辻で、仙台城下の町割りの重要な基点となった所。忠孝・キリシタン・捨馬の幕府命令の制札を掲げた札の辻である。江戸時代から仙台の経済の中心地で、芭蕉の辻の四つ角には、城郭のような瓦葺きの二階建ての建物が並んでいた。多くの旅籠が軒を並べ、幕府の役人や大名、その家臣などが宿泊する旅籠があった。

注85　山形の方へ…仙台と山形を結ぶ道には笹谷街道、関山街道、二口街道があり、三者は深く結びついて、仙台―山形を往還した。出羽国に行くには翁のように桑折から羽州街道に入るのだが、淙庵は塩竈・松島を見るため仙台に足を伸ばしたので二口街道を通った。

果てて、山家《やまが》の貧しい商いの店に頼み込んで、ここに泊まることにした。そこは道の後先も分からない山中であり、橋を隔てて人家ふたつある所である。

「おもてなしするものもありません。夜具といっても気のきいた物もありません。それを我慢して頂ければともかくお泊まり下さい。」

と言ってくれた。何の不都合があろうか、願ってもないことだと皆わらじを脱ぎ、あおだを下ろしてここに宿を取った。

だんだん日も暮れてきた。谷川が近くで響いて恐ろしい感じがする。山住いの宿をよく見れば粗末ではあるが、こざっぱりとしている。一晩中松脂《まつやに》を竹の皮に包んだ物をともして明かした。

今朝道で会った薪を運ぶ馬追いたちが帰って来て、この宿に代わる代わる入ってきてはものを食い、酒を飲み、理解しがたい言葉でしゃべっては出て行く。松の火をともして山路を越えていくのを見ると、こちらも心細くなる。

一日は山に入って木を伐り、一日はこのように馬に負わせて城下に持って行って売るのだが、代金は二百五十(注86)、三百文にもならないということを聞くにつけても、生きていくのは誰にも課せられた道ではあるが、こういう生活に慣れて辛いとも思わず生きているのは、たいそう哀れなことである。

夜中になったのだろうか、鹿の声が遠くでしばらく聞こえていた。

「諸方早見道中記」に 国分町―愛子―馬場―野尻―山寺―天童の宿駅を挙げ、涼庵もこのルートを通過している。

注86 二百五十、三百文…現代感覚で四文を百円と数えると、一日働いて六百円か七百円程度。ちなみに江戸後期の物価は中級旅籠二百文、番傘二百文、蛇の目傘五百～八百文、しじみ一升十文。

明日こえん山の峡《かい》よと鳴く鹿の声もはるけき夜半《よわ》の手枕
（ここはあなたが明日越える山の峡ですよと、鹿の鳴く声が遠くで聞こえる
夜更けの枕辺よ。）

二十四日　朝、谷川の方に行って見ると、一枚岩の上を水が流れている。そばに岩を掘って井戸として使っている所がある。珍しく見慣れぬことが多い。

雨が止み雲の切れ間が現われてきたので、今日は良い天気だろうと言いつつ、宿を出た。

杣山《そまやま》を伝い谷に下り、いくつとなく山を越える。昨日の道よりひどく苦しい。

このあたりにナデシコの花が咲き残っていて、また、リンドウの花盛りであり、山も谷もだんだんと紅葉していく景色は言いようもないほど美しい。故郷の今頃と比べると、十月ぐらいの様子である。

けふもまた山より山に出羽《いでは》なる国にといそぐ道のはるけさ
（今日も山から山を越えて出羽の国へと急ぐのだが、その道は遙か彼方に続
くことよ。）

馬場という宿場に着いた。宿駅のようにも見えない。ひどく荒れ果てている所である。また山を登って瀧原という所に着いた。このあたりの紅葉は特に色濃くて、ススキなど秋草が一面に枯れ広がっている景色などは、いいようもなく見事

八月二十四日…新暦十月十一日

である。

鹿の声があちらこちらから聞こえてくる。「紅葉ふみわけ鳴く鹿(注87)」などと詠まれた歌のこころも、このような所の秋に出会わなければ、深い詩情は到底わかるものではない。

　山深く音《ね》に鳴く鹿はもみぢ葉の色にいでてや妻を恋《こ》ふらむ

（山の奥深くで鳴く鹿は紅葉葉のように、もうはっきりと色＝態度に出して
　妻を求めているようだ。）

行く先々、水の音が絶えない。大瀧というのもこの奥にあるということである。山深く不気味なほど寂しい感じがする。

野尻(注88)という宿場に着いた。二口峠に登る麓にある。

番所の番人に会ってこういう事情で巡ってきましたと伝えたところ、越河《こすごう》で入《いり》判《はん》というものを受取り、この関所で出判《ではん》と引き替えるのだという。不破《ふわ》の関所(注89)のような所らしいのを知らずに来てしまったのは手抜かりだった。しかし、私の言うことに嘘はないので番人は許して通してくれた。危ないところだったと急いで通り抜けた。

二口の山に登り始める。登るにつれて道幅はだんだん狭くなり、あおだが岩に触るほどになったので、降りて歩いて登る。所々道がなくなって谷川を歩いて越

注87 「紅葉ふみわけ鳴く鹿」…『百人一首』にも載る猿丸太夫の歌。
　奥山に紅葉踏みわけ鳴く鹿の
　声きく時ぞ秋は悲しき
平安時代の和歌では、秋を悲哀の季節とみるのが一般的だった。

注88 野尻宿…藩境の整備や警備のため配置された足軽集落で十七戸あった。五戸は藩境まで分散しており、峠の途中に御境目守二戸の屋敷があり、足軽が詰めていた。

注89 不破の関…歌枕。美濃国不破郡（現岐阜県関ヶ原町）。不破の関ができたのは壬申の乱後と思われるが、延暦八（七八九）年に廃止される（続日本紀）。

えるのである。このような場所でも初めての者には恐ろしさが想像できない。見知らぬ草木の花が咲いているのを珍しく思いながら進んでいく。

つづら折りの坂をいくつとなく登って、終に高い山に登る道になった。嶺には雲がかかり雨さえ降り出して、木々から落ちる雫は避けきれない。あえぎながら登り、何回も休んでようやく峠に着いた。ここにも形ばかりの番所があり、二軒の家がある。

山寺の方面へ行くにはまだ三里《12キロ》ばかりあるという。日の光も見えず時間も分からないので、思い悩んで今夜はこの番所の番人に頼み込んで、家に泊めてもらうことにした。

峯に向かっている所で、軒端近くまで雲がわいており雨は止みそうにない。山水の懸樋《かけひ》に注ぐ様子が清らかに見える。

今日は一日中山を越えてきて、最後の最後にこのように高い峯に宿ることになった。たいそう珍しい旅の宿りではある。

二十五日　雨は降り続いている。しかし、山寺まで行こうと決心した。山道なので時間がかかるだろうと思い、夜明けと同時に出立した。

なお峯に登ること十町《1キロ》ばかりあり、道はいよいよ険しくあおだでは登り難い。ようやく峯に着いたころ風まで吹いて、横なぐりの雨には耐えがたく休まずそのまま下りに着いた。
ここが陸奥と出羽の境である。まっすぐに下る坂、また、つづら折りの道とさまざまだが、どこもまっすぐに立っていられず、そればかりか道のない所は岩を伝い、谷川を渡っていく所が多いのだ。橋を渡してある所も、どれも丸木を編んで並べたおさはしというもので、踏み出すのも恐ろしい。滝川はたぎり落ち、早瀬は漲《みなぎ》り、岩にあたって、打ち寄せる波は恐ろしげに響いている。

また、山から滝が落ちてくる箇所もたくさんある。
三里《12キロ》以上の道を越え来て、午前十時《巳》頃頂上に着いた。ここからは道が平坦になると皆喜んだ。

藁靴のままで山寺に参詣した。宝珠山立石《りっしゃく》寺(注90)と申しあげる。慈覚大師が開基なさったのである。門前に大師が山を開こうとなさった時、山神にお会いになったという所に、対面石という家より大きな岩があった。ここから本堂に登るのである。坂の傍らに清和天皇の御墓という、石の塔が立っている。岩の佇まいは不思議で特に珍しい所である。

大師の手掛け石、また、龍の口などという岩を見ながら阿弥陀が原という所に着いた。ここに立っている岩の様子はまるで唐の絵に描かれたもののようである。長い石段を登って本堂に着いた。谷々に坊舎が十二あるという。古色蒼然として

注90　宝珠山立石寺…貞観二（八六〇）年、第五十六代清和天皇の勅命をうけ、天台宗慈覚大師円仁により開かれた。慈覚大師は多くの寺院を建立し、貞観六年に七十一歳で立石寺で亡くなり、入定窟に安置されている。また、天台宗の祖最澄が中国の天台山から移した延暦寺の法燈を分火して立石寺根本中堂に輝いている。元禄二（一六八九）年、松尾芭蕉も訪れている。

心洗われるような、類のない霊場である。

　大師が唐から持ち来たった五鈷三鈷、(注91) また龍神が大師に下さった独鈷、天人供養(注92)の袈裟などを拝見した。大師が一字三礼(注93)にお書きになった金泥のお経や清和天皇の勅印などを拝見して、その尊さを表わす言葉もなく涙止めがたい。

　そこから大師入滅の岩屋、胎内潜りという所を参拝して、今朝の宿に戻った。

　こうの岩、天狗岩などという岩が遙かに高い峯に聳えて見える。

　ここから天童の宿場に向かう。休憩した宿で香しい茸を調理して勧めてくれた。とても珍しい。

　天童への道々、家毎に煙草の葉を干し掛けている。また、蔦かずらを干している家も多い。

　天童の宿(注94)近くに楯山といって砦の跡が残る所がある。

　これは南北朝時代、北畠中納言が南朝の元帥でこの地に陣を敷き、戦いもたびたびあった所である。天童丸というのは中納言の片腕として、特に武勇があったので、自然とこの宿場の名として残ったのだろう。

　一昨日、白沢で翁のもとに手紙を書いてやっていたので、今はここで待ちわびているだろうとあちこち宿に尋ねたが、まだ着いていなかったので、私はとにかくこの宿場に宿って、また、手紙をやることにする。

注91　五鈷三鈷…慈覚大師は承和五（八三六）年六月、円行、常暁らと遣唐使に従って中国に渡った。開元寺、五台山、長安の大興善寺、青竜院に学んで八四七年帰朝した。
　五鈷三鈷はもとインドの護身用の兵器。煩悩を打破する仏具のひとつ。両端に尖った爪があり、その爪がひとつのものを独鈷、三つのものを三鈷、五つのものを五鈷という。

注92　天人供養（仏語）。テンニンは天上の人。天界の生類の総称。クヨウは仏・宝・僧の三宝や父母、師長、亡者などに供給し資養することをいう。ここは天人に対して。

注93　一字三礼…立石寺には華厳院、中性院、金乗院、性相院の四つの支院があり、それぞれに住職が住み、交互に如法堂（奥の院）に勤務し、毎日経文を書き写す。その書き方は慈覚大師が伝えた「一字三礼の行法」といって、お経の文字ひとつ書く度に五体を地に投げて礼すること三度繰り返すという。

無明舎出版 新刊案内 ●2016

〒010-0041
秋田市広面字川崎112-1
電話 018-832-5680
FAX 018-832-5137

【定価は税別です】 http://www.mumyosha.co.jp E-mail info@mumyosha.co.jp

送料無料

待望の一級史料がついに現代語訳で登場！

秋田風俗問状答《ふうぞくといじょうこたえ》

◉金森正也 翻刻・現代語訳【影印版付】

江戸時代後期、諸国の風俗、習慣を知るために幕府は問状を配布し回答を求めた。その回答の影印版・翻刻・現代語訳。彩色カラー絵図20頁も付す。

A5判・本体2500円＋税

殺意の内景 精神鑑定の現場から

◉苗村育郎（精神科医）

約一〇〇〇の臨床例から、殺意の心理と動機を考察する。『自殺の内景』に続く精神科医の現場からの報告！

A5判・500頁 本体2500円＋税

あきた方言古代探訪

◉金子俊隆

方言の歴史的意味とルーツをたどり、エミシやアイヌ語との関連をていねいに解説。

四六判・本体1800円＋税

写真集

私の好きな、秋田。

◉加藤明見

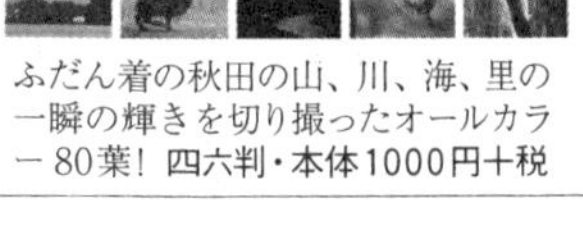

ふだん着の秋田の山、川、海、里の一瞬の輝きを切り撮ったオールカラー80葉！ 四六判・本体1000円＋税

杉山彰の本

マンガあきた伝統野菜

地域の食を支えてきた秋田の伝統野菜30種の物語がマンガに。

A5判・本体1200円＋税

コミックエッセイ

秋田の村に、移住しました。

何もない村で15年。家族5人、今日も元気で生きています！

A5判・本体1200円＋税

あおだを担ぐ者たちも桑折からここまで連れて来たが、今日は桑折に帰るというので、幸便だと喜び、手紙を書いて持たせることにした。しばらくの間慣れ親しんで、心をこめて良く働いてくれた。今さら別れ難く彼らも名残を惜しむので、一晩泊まって別れを惜しみたいものだと語り合ったが、翁が来ないので手紙を届ける用ができたため、このように急な別れとなった。帰途には必ず尋ねて下さいと、尽きぬ名残を言いながら別れた。

今まで人々に囲まれて賑やかさに馴れてしまった身には、初めての宿にひとりで泊まるのは寂しく、侘しいことである。暮れ過ぎる頃、思いがけず翁が入ってきた。どうしたのかと思うそばから嬉しくて事情を問うと、

「今日の昼頃、白沢からの手紙が届いたので、こうして急いで来ました。あおだの者にも途中で会いました。」

などと言うので手配の甲斐があったと、心細かった旅中の事など互いに語り合って、食事などしているうちに夜が更けたので、皆床に着いた。

二十六日　鴉がしきりに鳴き出す時間にこの宿を出立した。湯殿山が高く北の方角に見える。頂上は雲がかかっていて見えない。富士山より高い。富士は九十九丈《二九七メートル》(注95)あるが、この山は百丈《三〇〇メートル》あるのである。富士の雪は消える日があるが、この山の雪がすっかり消える時はないという。

注94　天童の宿…天童は南北朝時代、南朝方の北畠天童丸が舞鶴山麓に城館を構えた。藩政期の天童は市《いち》が盛んだった。江戸往還道の天童は旅籠が六、七軒あったが、参勤交代などで羽州街道を通る諸大名が宿泊するのは楯岡か山形で、天童宿は荷物継ぎ立てや休憩が主だった。

注95　富士の高さ…富士山の最初の測量は享保十二（一七二七）年、福岡某　三八九五メートル。寛政十二（一八〇〇）年以降、伊能忠敬、三九二七メートル。文政十一（一八二八）年、二宮敬作（シーボルトの弟子）三七九四・五メートル。涼庵の旅の天明年間には富士の高さは九十九丈（二九七メートル）で、湯殿山は百丈（三〇〇メートル）というのが一般常識だったのか。なお実際の湯殿山の高さは一五〇〇メートル。

また、山形の城の太鼓が聞こえると必ず雨が降るという。山形城の太鼓は虎の皮で張ったものだと、あおだの者たちが話しながら行く。道は平坦で芝生を踏み分けながら、はるばると遠い道を進んだ。

虫の音もうらがれわたる秋ふかう露分けわぶる野辺の道芝

（虫の声も弱々しくなり秋も深まった。露の降りた道芝を分け入るのも辛いことである。）

川という川、歩いて渡る箇所が多い。八幡林という所に与二郎という狐を祀っている神社の石の鳥居があった。これは昔、藩主が召し使っていた狐で秋田から江戸まで手紙を運ぶのに百五十里《589キロ》を一日で通う狐だったが、この里で捕らえられて、命果ててしまった。その後、祟りが続いた。村中悪いことばかり続くので、今はこうして神として祀っているということである。

尾花沢という宿場のあたりは、名のとおり尾花（ススキ）が雪のように日に照らされて輝いている。野山の秋深い様子はこの時期の江戸と比べると、随分異なっている感じがする。いろいろな木々の紅葉しているのが、松の間から見えて目にも鮮やかである。国守が江戸への貢ぎの馬を牽《ひ》く使いに出会ったので、故郷への手紙を書いて頼んでやる。

夕暮れに梅坂という坂を越えた。それでなくても登り下りの山路なのに、道がぬかるんで通行に難儀する。かすかに見えているのは最上川(注96)だという。

最上川上れば下る舟ならで山路をたどる道も苦しき

（最上川を上ったり下ったりする舟は辛いものと、和歌にも詠まれているが、どうしてどうして最上川を見ながら山路を行くのも、辛いものだよ。）

堤を伝いながら行くうちにようやく川のほとりにでた。川沿いの道は遠く続き、日もすっかり沈んで、舟の姿がほのかに見える。

最上川日もおちかたの行く舟のほのかに暮るる末の白浪

（最上川は暮れ果てて、遠く行く舟が夕波の中に消えて行くよ。）

暮れ果てる頃、名木沢の宿場に着いて馬方の家に宿った。山近い家で、何につけても侘しさが募る。

二十七日　夜が明けて山道にかかった。猿羽根《さばね》峠(注97)という峠は特に高いというわけではないが、道が七曲がりになっていて険しい。

朝霧が雨のように降りかかる。最上川を麓に見ながら越えて行くのである。

天気のよい時の眺めは素晴らしいという。

最上川下す小舟もほの見えて霧に明けいく山の下道

（最上川を下る小舟もかすかに見えて、霧も夜も明けていく山道よ。）

徒歩で通り過ぎる人々が、何を言っているか分からない言葉で話しながら行く

注96　最上川…山形県最上郡を流れる川。出羽国の歌枕。吾妻山地に発し酒田市で日本海に注ぐ川。『古今集』東歌に、

もがみ河上れば下る稲舟の否にはあらずこの月ばかり

淙庵の歌はこの歌を下敷きにしている。

松尾芭蕉も、

五月雨をあつめて早し最上川

と詠んだ。

注97　猿羽根峠…難所として知られる。峠からは最上川や村山平野の眺めがよく、新庄領との境である。

のは騒がしく聞こえる。

舟形、新庄などの宿駅を過ぎ、湯殿山が西の方角にたいそう高く見える。今日も山頂の雲は切れず残念だ。夕暮れの風が吹いて、夕日が華やかに射してきた。

この程仙台へ行って日数を食ったので、今日は道を急いで及位《のぞき》の宿場まで行こうと決めた。

夕暮れになったが無理して宿場宿場を通過するうちに、中田という山道で日が暮れてしまった。松の火を灯しながら越えて行く。さうね坂(注98)という山は特に岩が険しく、上りが六《654メートル》町、下りが八《872メートル》町ばかりある所を無理して越えたが、乗っているあおだが逆さになるような危険な山道も、終には無事越えることができ、午後十時過ぎに及位の宿に着いた。

これまでの人々の苦労は言葉では言い尽くせない。あおだを担いだ者たちにお金を渡すと喜んで帰って行った。この宿は藩主が必ず宿泊なさる宿なので、主人もすべて心得ており、もてなしは十分だった。明日は院内の峠を越えるので、夜深く出立することを主人に伝えて床に着いた。

二十八日　鳥の声に驚いて起き出してみると、有明の月(注99)が細く昇ってきて山際が近くに見える。水の音が絶えず聞こえており、山深い様子はもの凄いまでの美しさである。しかし山道なので夜深い間は危険だとためらっていると、宿の馬追

注98　さうね坂…現在は主寝《しゅね》坂と書く。塩寝坂がなまったものという。「しおね」の方が「さうね」に近い。藩境の院内峠まで金山から森合峠、さうね峠を越えなければならない。

院内関所跡

いが出て来た。繋いでいる馬が耳元近くで鳴くので、急いで出立した。

人の顔がぼんやり見えはじめる頃、山道に差し掛かった。今までよりもなお険しい岩の佇まいに、この先の道はどうだろうかと思い悩んだ。登り坂が続き七色木という所に着いた。(注100)七種の樹が一箇所に生えたもので、根元の囲いは牛も隠すことができそうである。その大きさは例えるものがない。何百年を経ているのだろうと眺めるが、神々しい限りである。

ここからは特に道も険しくなり、すれ違う馬も足を折りたたむようにして登るのである。「駒泣かせ」と呼ぶ坂で、聞くだけでも悲しい名である。このような土地に生まれなければならなかった獣よ、こう苦しい山道を朝夕に通らなければならないとは、どんな罪深い前世の約束があったかと思うと、悲しくて涙がこぼれた。

岩たたみ駒のあしおれ馴れて憂き山路はさらに行きもやられず
（岩畳の山路を足を折り曲げて登り降りするのに馴れた駒を見るのは悲しい。
私はこの先に進むことができない。）

と、ここで皆馬を下りて歩いて登った。坂道はますます険しくなり、間違って足を踏み外せば、登って来られない箇所が多い。

峠に着いた。境の杉といって左右に二本立っている。秋田と新庄藩の境界であ

注99　有明の月…陰暦十六日以降の、月が出ているまま夜が明けようとするころ。
注100　七色木…院内峠に七色木という、さまざまな木が共生した槻木の巨木があったことから、関守を務めた佐藤家は七色木関守と呼ばれた。

る。下りは三十町《3.3キロ》ほどあり、岩畳で油断できない道である。空は晴れて塵ほどの雲もない。険しい山道だがせめて天気のよいことに皆喜んだ。

藩の管理する番所（注101）に着いた。江戸で受けていた藩主の家臣である印《しる》しの証書を取り出して見せると、番人は恐れ多く思い、支障なく通してくれた。ここからは旅中の経費や旅籠の馬も藩扱いになり、すべて楽に進むことができる。

院内の中宿《なかやどり》（注102）に着くと、村長が袴を着けて迎えに来ていた。ここから先もみなこういう扱いだった。

横堀という村を過ぎて小野村という所の東の山際に、小野小町が住んでいた屋敷の跡という、野中に芍薬の生えている所があった。枯れていて跡も分からないようだが、花畑には垣根が回してあるのでそれと知れるのである。花は九十九本あって増えることも減ることもないという。誤ってこの花を折ることがあると必ず雷が鳴り雨が降るというので、怖れて人を入れないようにしている。小町は出羽郡司の娘（注103）だということなので、何か子細があるのだろう。知りたいものである。

湯沢の宿場に着いた。ここも藩主の一門（注104）が治めている城下である。西の方角に鳥海山が見える。富士山の姿に似ていて雪がまだらに降っている。

平鹿郡に着いて渡し場を越えているうちに、日は早くも鳥海山の彼方に隠れて、雲が赤く染まっているのは、言いようもなく美しい。横手まで行かないと泊まる

注101 番所…秋田藩草創期に「院内口手判《てはん》」とされた院内関所は、寛政四（一七九二）年に御境口と改められ、口留番所と番所役屋敷が置かれたが、この時はまだ院内口手判だった。

注102 中宿…外出、旅行の際、途中で休息または宿泊すること。また、そのところ。

注103 小町は出羽郡司の娘…小野小町の伝説は全国に存在する。中世の『古今集目録』に「（小町は）出羽郡司女」とあることから秋田と結びつける根拠が生じたが、秋田に小町伝説が広まるのは江戸時代である。

注104 藩主の一門…慶長七（一六〇二）年、転封された佐竹義宣は常陸太田にいた一族を新領地の要所要所に配置した。湯沢には佐竹（通称・南）左衛門尉義種が入った。以来、南家《なんけ》は城代、一国一城令以後は所預《ところあずかり》として雄勝地方を支配した。

馬継ぎ宿はないというので急いで行くが、岩崎という村に着く頃、すっかり暮れてしまった。

たいまつの調達の連絡をしておいたので、たくさんのたいまつがあおだを囲んで進んでいく。夜道ながらたいそう賑やかである。村から村へと送り、前の村の者たちは帰って行った。

次の村でもたいまつを灯して迎えに出ていた。また、たいまつが用意できない村は灯し火を持って迎えた。行く先々連絡して、松よ松よと大声で繋いでいくので、どの村でも同じように迎えに出てくれた。藩主のご威光が今さらながら有り難く思われる。

深夜十二《子》時ほどに横手の宿場に着いた。ここも藩主の重臣戸村氏(注105)が治めており、町並みが長く続いている。町の長《おさ》が案内して食事の宿に招いてくれた。夜が更けたので話もそこそこに枕を取って寝た。夜はたいそう寒い。

二十九日　昨日は夜遅くまで歩いたので皆疲れ切って、明け切ってから起きた。蛇《じゃ》の崎《さき》という城下の橋を渡って行くと、霜が白く降りていて朝風が身に沁む。ここから西は仙北郡で、田がどこまでも遠く広がり山も開けて、見渡すに遮《さえぎ》るものがない。刈り取った晩稲田《おくてだ》(注106)が雲まで続くような様子は、なるほど飽田《あきた》の名にふさわしく、人々の生活は豊かなようである。

注105　戸村氏…横手城は戦国大名小野寺氏の旧城を受け継ぎ、佐竹氏の所預となってから、伊達、須田氏につづいて寛文十二（一六七二）年以降、戸村十太夫義連が城代となって、幕末まで代々戸村家が城代を務めた。

注106　晩稲田…稲には早稲《わせ》・中稲《なかて》・晩稲《おくて》（遅く稔る稲）とあり、江戸時代は晩稲が一番安定かつ収穫品種だったので、最も広く作付けされた。

刈り上ぐる秋田の稲の八束穂にとしあるほども見えて楽しき

（刈り上げた秋田の田は穂がびっしり稔り、豊作を見るのは楽しいことよ。）

田面に泊木《はつき》（注107）を渡してそこに稲束を掛けて干しているのが、どこまでも続き、行く手の道に屏風を立てたように見える。

大体、馬追いは女である。稲束を馬に負わせて引いていく様子は珍しい。

今日は特に暖かく、江戸を出てからこのように良い天気の日はなかった。金沢《かねざわ》の宿に通じる村の中を厨川《くりやがわ》が流れている。そこを歩いて渡る。この川の鰍《かじか》は、景政（注108）が矢で射られた目を洗った川なので、あやかって皆隻眼だという。

武衡、家衡（注109）が籠もった砦の跡が東の方角に見える。小高い山がそれだと教えられた。また義家将軍が勧請した八幡宮が村の中にあった。こんもりと茂った森である。どれも古い物語に語られた場所であり、珍しくも懐かしく思われた。

最近、芸人の芝居（注110）が掛かっていて、若い娘たちがそれを見ようと茜《あかね》色の裾を引いて集ってくるなどして、座は賑やかである。

神宮寺のあたりに着いた。ここも昔、戦で陣を敷いた所で、城山がある。峯には八幡宮の神宮寺の跡があるという。

今日も一日、鳥海山を見ながら行く。六郷、大曲、花館などという宿場を通過して、刈和野の宿場に宿った。

注107　泊木…枝のある木二本を柱にして、棹や縄などを掛け渡し、ものを掛け乾すもの。いなぎ。はで。はさ。はでぎ。

注108　景政…鎌倉権五郎景政。鎮守府将軍平忠道の孫。後三年の役に源義家に従って奥州征伐にやってきた。金沢柵で敵の矢に眼を射られた、という説がある。景政がこの川の辺で矢を抜き眼を洗ったので、この川のカジカはことごとく片目であると伝えられている。

注109　武衡・家衡…前九年の役のとき、俘囚国家の奥六郡は内部分裂していたところに、中央から陸奥守として送られた源義家が絡んで、清衡・家衡間に二分された。義家は清衡を応援し、伯父武衡は家衡に加勢しともに難攻不落の金沢柵に立てこもったこと。

注110　芸人の芝居…秋田には多種多様な芸能があった。外から訪れてくるもの、外から入ったものを地元で定型化したものもある。神楽・外来芸能・田楽・延年・猿楽・風流・人形芸・歌舞伎（地芝

道端で買い求めた舞茸という茸を、熱い汁物にして食べた。とても香りがよく、ほかのどの茸にも似ず、珍しい。これは大山の岩の隙間に傘ほどの大きさで、たったひとつ生えるもので、山仕事の人がこれを発見すると舞を舞って切り取るのだという。そうしないと腐って食べられなくなるという。さてもよく舞茸とは名付けたものである。都の人は火鍋茸というそうである。斧で伐らなければ切り取り難いというのは、大きな茸ということだろう。

この宿場は山川が近くて、鮎や鴨などが多い。さまざまな物を持ってきては売り買いをしている。夕食に調理してもらい食した。たいそう新鮮である。

九月一日　今日、久保田に入る日なので、「久保田の宿の手配をしましょう。牛島(注111)という所でお待ち下さい。」と告げて、翁は夜深く出かけていった。

朝日が出ようとしている空はことに赤く、雲の色も茜色をさしたようになっていくのは、雨が降る徴《しるし》だという。燈のもとで髪を整えて夜が明けてから出立した。

また山路に掛かった。白瀧権現という鳥居のもとに着いた。よい滝がある所だというので行ってみる。実に高い山から流れてくるが、岩を伝って流れる水は何本となく落ちてきて、糸を掛けたように見える。この頃雨が降らないので、滝水の量は思うようではない。巌から溢れて落ちる時はたいそう見所があるのだとい

居）と分類される。淙庵が通過した横手は秋田万歳の本場である。神社でイチコ（盲目の巫女）を招いての霜月神楽や羽後町のアグリコ稲荷では雨乞いの舞なども行われた。大曲にはシシ舞もあった。平鹿郡大森町保呂羽山波宇志別神社の霜月神楽の演目のひとつエビスは江戸時代になって人形浄瑠璃に大成した。仙北郡南外村に古い人形芝居があった。雄勝郡東成瀬、羽後町、平鹿郡などに人形芝居の使い手がいた。雄勝郡東成瀬村手倉では村芝居も盛大に行われていたという。（『秋田の民謡・芸能・文芸』秋田魁新報社　一九七〇年）

注111　牛島…秋田城下南口。藩主はじめ旅に出る人はここで見送り、出迎えを受けた。牛島村は早くから農民の商人化が進んだ地で、米、雑穀商や鍛冶職、馬具職など多くの商家と農家が交じって一条の町屋を形成していた。

う。神社に参拝してから道に戻った。

　高い山の峰は行先の方角で、眺めは素晴らしい。北西に男鹿の山を、西の方角には鳥海山を眺めるだけで、他に目につく山はない。鹿の声が近くで聞こえる。船《ふね》が沢《さわ》という所に着いた。炭焼く煙が近くで立ち上っている。言葉の上だけで知っていたものだが、間近に見るのは珍しいことである。蕨餅を売る所があった。昼飯の休息に皆入って食べた。この国は蕨が特に多いのである。奥山には六、七尺《2メートル前後》(注112)にも余る蕨が生えるという。

　それをこのように調理したものをねばな餅というのだそうである。歩いて渡る川を何本となく越えて、夕暮れ牛島に着いた。

　翁の子が迎えに来ていて、一緒に久保田に急いだ。大平《おおひら》の山が見えてきたので久保田が近くなったという。まずどのような所だろうと、心急《せ》かれる。遠くまで家が続いている前を通り過ぎながら、宿となる町に着いたので、案内に従ってあおだを乗り入れた。

　宿の様子は感じがよく、主人のもてなしも心がこもっているので、長旅の辛さも慰められる心地がしてようやく落ち着いた。

　万事、翁の手配によって満足するもてなしとなった。炭櫃《すびつ》に火をおこし土地のものを調理して勧めてくれた。

注112　蕨…奥山には実際に一・五メートルぐらいの蕨があるという。

誰や彼やが訪ねてきては話をする。その中には江戸から来ている者も多く、彼らは詳しいことを聞いてくる。誰でも故郷を懐かしく思うのはもっともである。

夜に入って雨が降り出した。明日はお城に参上すべきなのに辛いことよと、雨の音を聞きながら床に着いた。

最近、書くことも面倒で億劫になっていたので、ようやく落ち着いた気分になり書付ける。

なお、思い出したことは後で書き加えよう。

郵便はがき

料金受取人払郵便

秋田中央局
承認

39

差出有効期間
平成30年2月
9日まで

010-8790

414

秋田市広面字川崎
一一二―一
（受取人）

無明舎出版 行

I D		氏 名		年齢	歳

住 所	郵便番号（　　　　　）

電 話		FAX	

愛読者カード　　　　　　ご購読　　年　　月　　日

◆本書についてのご感想。

購入書名		購入書店	

◆今後どんな本の出版をお望みですか。

購読申込書◆このハガキでご注文下されば、早く確実に小舎刊行物がご入手できます。（送料無料・後払い）

書名	定価	部数

http://www.mumyosha.co.jp　E-mail info@mumyosha.co.jp

巻第下

長月（九月）一日頃、この秋田の久保田に到着して、十人衆町（注1）という所に仮の宿を定めた。はじめての国ではあるが、毎年江戸で見知った人が多いので、知らない国といいながらもよそよそしい感じはしない。宿の近くの家から砧《きぬた》（注2）を打つ音が聞こえてくる。江戸ではとんと聞き慣れないが、所柄も偲ばれ、しみじみとして

　仮寝する手枕ちかき小夜砧うちだにたゆめ夢も結ばむ

（旅の仮寝をする枕近くに響く夜の砧よ。砧打つ手を少し緩めておくれ。しばし夢を見たいから。）

こんな歌を詠みながら床に臥した。

城下は縦横半里《2キロ四方》ほどである。八橋《やばせ》（注3）という方面へはさらに半里ある。住居の様子はどの家も屋根を長い板（注4）で葺いて、そこに大きい石を並べている。海に近い所なので、こうしなければ荒々しい風に持ちこたえられないのだという。

塗籠《ぬりごめ》（注5）も白地に塗ったものはない。凍りついて長持ちしないのだという。

井戸は特に悪い。人々は川の水を汲んで使っている。内町（注6）はどこでも井戸を汲んで使っている所が多い。

たびたび火事に見舞われるので住居の様子はひどく悪くなったのだという。

二日　江戸で発行してもらったおとな（注7）の証書をお城にお返しに行こうと、この

九月一日…新暦十月十七日

注1　十人衆町…外町の茶町筋、下肴町《しもさかなまち》と四十間堀《しじっけんぼり》の間にある。御用金を献納した十人衆の町と言い伝えられている。

注2　砧…衣板《きぬいた》の略。艶を出したり、柔らかくするために布を打つ、木または石の台。それを打つことやその音をもいう。歌語。

注3　八橋…羽州街道筋の久保田と寺内村の間にある村。多くの寺社が置かれ、沿道には茶屋が立ち並び人々が多く参集した。

注4　屋根に長い板…天明八（一七八八）年にここを通過した古川古松軒も「町のもようみなみな杉板の屋根にて、上に石をかずかず並べておしとなし、壁も板壁にして、ひさしは同じように一間余もさして、これを雪道と称して雪のふるせつの通い路とす。」（東遊雑記四）と書いている。

注5　塗籠…本来、寝殿造りで今の納戸を指すが、ここは外から見ていて納戸では合わないので、土蔵の意味とした。『嬉遊笑覧』に

たび同行した翁の家に行った。町をひとつ隔てた近い所にある。男の子や女の子がたくさんおり、翁が帰るのを待っていたので、喜んでいる様子ももっともなことである。

翁を同道してお城に参内する。役所が開くのを待って、午前十時《巳》頃参内した。お役目の上役から官位の順位に厳かなようすで並んでいる。長官にお目通り願って、すべて先例どおりの手順で手続きが済んだ。

お城は堤を高く築いて芝を植え、そこに門・塀などを立て回している。

正門は秋田 城 介《じょうのすけ》(注8)時代の門とかいうことである。欄間に三つ巴紋がふたつ彫れている。昔のものをそのままに伝えているのも珍しいことである。

建物はみな板屋で白壁を塗ったものはない。

城の周囲は侍屋敷が二里《8キロ》ほど続いている。内町という。

楢山《ならやま》は南に見える。中城は東にある。保戸野《ほどの》、手形などという所は北にある。東には太平といって高い山がある。三吉(注9)という鬼の住むという所だという。それに続いて仁別という木の茂った山がある。船の帆柱になる杉の多くはこの山から伐り出すのだという。

三日　ここ二、三日天気がよく、小春(注10)のような感じである。

内町に住む藩の重臣や役人の屋敷を訪ね、お目にかかって用向きを告げるため

は「はなれたる雑舎にて物置処なるべし」とある。

注6　内町…内町は侍町のこと。ただし中城と山ノ手の重臣の屋敷は城内三の丸で、内町とは区別された。

注7　おとな…①一族、集団の主だった者。年長者。宿老。②中世後期以降の村落の代表者。③譜代の長老。年寄。宿老。④長崎では町役人をいう。⑤召し使いの長。⑥名主。久保田藩では家老を主に「おとな」と称したが、淙庵は広い意味で用いているので、訳ではその場の意味を生かした。

注8　秋田城介…上古に置かれた出羽国秋田城を守って蝦夷を防ぐ職。出羽介が兼職した。安東実季《さねすえ》が慶長七（一六〇二）年に国替えになるまで最後の城介を兼ねた。

注9　三吉…三吉は秋田の各地に伝えられているが、三吉の鬼というのなら太平の城主、鶴寿丸藤原三吉にかかわるか。豪壮な人物で荒々しい武芸を好み特に相撲が好きだった。ある日大井太郎が城を

に楢山(注11)や保戸野(注12)などを一日中歩き回って、日が暮れてから宿に戻った。

四日　宵のうちすることもなくぽつねんとしていると、唐臼《からうす》を引くような音が聞こえてくる。何の音かと宿の主人に尋ねると、海の音だという。たいそう不思議に思い耳をそばだてていると、なるほど波がここまで寄せてくるように思われる。夜が更けるにつれて波が枕元近くに聞こえるので、眠ることもできない。

　冬の来む日かずまぢかき海の音に夜を長月の夢も結ばず

　（冬の訪れも間近な長月の夜は、荒海の音が近く聞こえてきてなかなか寝つけない。）

この海の音が聞こえてくれば天候が荒れ始めるなどと聞いていたとおりになり、風さえ吹き加わって、雨がはらはらと音を立て板戸に打ちつける音はたいそううっとうしい。

いつも冬になるとこの国は、天気の良い日は稀なのだという。雲が立ちこめて空の様子があやしいので一日中閉じこもっていたが、

「これがお辛いのでしたら三冬《みふゆ》(注13)はもうどこにもお歩きになれる日はございません。」

と主人が言うので、意を決して恐る恐る外に出てみた。本当に空が晴れるときはないが、雨が時々降りかかってくるばかりで、そのうち止んでいくようである。

奪おうと襲撃する。三吉は不意をつかれてただ一人で太平山に逃げ込んだ。山中で修行を積んで飛行自在の神になる。大井太郎は三吉を怖れて狂死する。以来、三吉は神として祀られるようになる。煙草好きの神とされる。太平山信仰が盛んになるのは江戸後期からである。

注10　小春…陰暦十月ごろの春のように温暖な晴天の日。

注11　楢山…秋田市街南東部一帯。楢山の名は金照寺山の古名によるという。古くからの農村地帯。久保田城下町割りによって足軽居住地となる。

注12　保戸野…神明山台地と天徳寺山との間の低地に位置する。享保の頃（一七一六〜三六）、村高三六〇石。

注13　三冬…陰暦十、十一、十二月の称。

往来の妨げになるほどではないが、杖や足駄を濡らすので草履《ぞうり》など履くことは考えられない。

宿はお城の北東にあたるところにあり、後ろの町は寺だけがある。朝夕には鐘の音が絶えず聞こえてくる。

　聞きなる暁ごとの鐘の音も近きそなたの里の古寺

（毎日あかつき（注14）ごとに聞こえてくる鐘の音は、近くの古寺で撞かれているのだった。）

重陽（注15）（九月九日）雨が降るのでどこへも出かけない。菊はこの頃盛りのようだ。故郷の菊はどんな様子だろうとただ思いやるのみである。

　長月や菊も盛りの折に逢ひて見しふるさとのけふぞわすれぬ

（長月よ。旅中で菊の盛りの季節に出会って、故郷で祝った菊の節句を思い出しているよ。）

夕暮れに平井氏（注16）という藩の役人の屋敷に集り漢詩（注17）などを作って遊び、夜が更けてから帰った。

十日　小野氏という藩の重臣だった人が役を辞し隠居しておいでだが、江戸で親しくお付き合いをさせてもらっていた。その人のもとから菊の花を熱い汁物にしたてて、旅のなぐさみにしてくださいと届けてよこした。手紙には「これは不

注14　あかつき…夜が明けようとしてまだ暗いうち。夜を中心にした時間区分。

　ユウベ→ヨヒ→ヨナカ→アカツキ→アケボノ→アシタ

注15　重陽…五節句の一つ。陰暦九月九日のこと。またその節会。菊の節句。

九月九日…新暦十月二十五日

注16　平井氏…平井清侯（一七二四～九二）か、その子の清白（一七五六～一八三〇）か。ともに久保田藩士で漢詩に秀でた。

注17　漢詩…淙庵は十七歳から十一年間、幕府の表坊主奥坊主を務めた儒者でもある成島錦江に師事して、詩文と和歌を学んだ。詩集もあり『秋田詩史⑭』には淙庵と藩士の漢詩が多く掲載されている。

死の薬です」などと冗談を書いてよこしたので、返事の和歌を詠んだ。

仙人のいく薬とる菊の露かけて千歳の秋も古りせし

（仙人が何千回となく薬を採った菊の露でしょうか。さらに千年めの秋も古くなっていくのでしょう。）

と書いてお届けした。

十三夜　曇っているのでせっかくの十三夜の月も見ることができない。同じ故郷（江戸）の鶴見氏という男が私より先に久保田に来ていたが、その男から歌が届いた。

旅枕しばし晴れ間はふるさとをさぞなと思ふ長月の空

（旅中のしばしの晴れ間にはさぞかし故郷も秋晴れだろうと眺めている、出羽の長月の空ですよ。）

その返歌。

故郷を思ふ心はもろともに雲も隔てぬ長月のかげ

（故郷を思う心は同じで雲も隔てることはできません。心には故郷の月の光が輝いています。）

今夜は疋田氏という重臣の家に集って漢詩を作る計画があったが、気分がすぐれず出かけないでしまった。

注18　本荘領…慶長七（一六〇二）年佐竹氏の出羽転封を機に領地替えが行われ、最上義光の所領となった本荘の地に、代官として楯岡満茂を置いた。元和八（一六二二）年の最上氏改易にともない楯岡氏が退去して、かつて仙北郡六郷領主で常陸府中に配されていた六郷兵庫頭政乗が翌年入部し、本城を本荘と改めた。以来、本荘は江戸時代を通じて六郷氏二万石の城下町として発展した。

注19　湊…中世の湊は秋田氏（安東氏）の居城があり、湊城を核として多数の家臣団や寺社、職人、商人が集住し、秋田湊の繁栄と相まって戦国大名秋田氏の城下町を形成していた。佐竹氏が転封され

十四日　空が晴れている間に岩野（上野か）という所に遊びに出かけた。宿から南の方角にあたり田圃を隔てた村なので、それほど遠くない。大方の城下の富裕な人たちが別荘を構える所である。

　村はずれの川口という所に渡し場がある。向かい側は国境になる新屋《あらや》という所である。そこは象潟《きさがた》にも通う道で本荘領（注18）に続いている。勝平《かつひら》という砂山が長く横たわっており、その麓を雄物川《おものがわ》という大きい川が流れている。仙北郡から続いて海に流れ込む川なので、この国の米を積み下ろしてそのまま湊（注19）（土崎）に出すのに、とても便利のよい川である。このあたりは木立が多くひっそりとして、見渡す限り特に優れた景色である。

　鮭という魚が海から上ってくるのを仙台子（注20）という。網引《あびき》で鮭を捕るのだが、今年はじめて網を下ろす日なのだという。冬が深くなり水が冷たくなると、日ごとに鮭を二百、三百匹と捕るのだという。

　夕方近く、ここの中村氏の別荘を訪ねた。中村氏は海松茶《みるちゃ》（注21）を趣味とする男で、茶室のように造庭しているので見所がある。中村氏も来ており、時間を忘れて語り合った。

　太平山が向かいに見え、雪がまだらに降り積もっている眺めは特に素晴らしい。主人が歌を詠むようにとしきりにせかすので、詠んだ歌。

湊城に入ったが、翌年久保田に領国経営の中心を定め、土崎湊は新城下久保田の外港としての機能を期待され、宿場町、港湾、寺社の集中など、いくつもの要素が混在する町として発展した。

注20　仙台子…仙北郡神岡町神宮寺付近では鮭漁をする人を仙台子と呼んでいた。村人たちが川に潜ってヤスで鮭を突いていたところに、仙台から来た旅の僧が通りかかり、網を作って漁をすることを教えたことから始まった。江戸時代には仙台子たちは秋田藩から鮭漁の許可を受け、雄物川筋八キロ余りの鮭漁を独占したという。涼庵は中途半端に聞いている。

注21　海松茶…ここは「茶道」をいっている。海松（みる）は海藻で古来、海松色（黒味の多い緑色）という色をいったが、江戸時代に茶色が流行し、古来の海松色が海松茶と呼ばれた。涼庵は色でお茶を言ったのだろう。なお茶器の模様に海松・海松貝（海松と貝の組合わせ）がよく用いられる。

雲はるる木の間の山に雪見えて夕日さやけき庭の秋風
（雲がきれた木立の間から雪を被った山が見え、目を転じれば庭には夕日が
鮮やかに差して、さわやかな秋風が渡ってくるよ。）

十五日　今日も天気がよい。八橋《やばせ》の方面には行ってなかったので、訪ねてきた医師を道案内として出かけた。ここは城の東に集約した所で、土崎に通じる街道である。

東照宮のお宮がある。別当寺（注22）を寿量院という。東叡山（注23）から僧が来て輪番で住持する寺である。山王権現（注24）のお社などたいそう荘厳に造られている。

草生津《くそうづ》の橋を渡って、寶塔寺《ほうとうじ》（注25）という日蓮宗の寺に着いた。幢蓋桜《とうがいざくら》（注26）という大きな樹がある。酒を売る家など茶屋が立ち並び、桜の節でなくても遊びに集う人々で絶えず賑わっている。

後ろの山に登ってみると、勝平山がここからも向かいにあたって、昨日眺めた雄物川の下流が麓を巡り、草生津川と合流する所である。そこを帆を引いて下る舟が、まるで絵に描いたように見える。山に日が沈むまで遊んで、帰途についた。

十七日　江戸から同道した翁が宿に訪ねてきて、泉の方へ案内したいと言うので、昼ごろ一緒に出かけた。

仁別山の北にあたる所で、山間を流れる谷川に沿ってはるばる分け入った。鮎

注22　別当寺…神仏習合説に基づいて神社に設けられた神宮寺の一つ。ここは寿量院を指すが、寿量院は将軍家位牌所として建立され、住職は江戸寛永寺と日光輪王寺から一年交替で派遣された。

注23　東叡山…（東の叡山の意味で）江戸上野の寛永寺の山号。

注24　山王権現…久保田城下外町《とまち》の総鎮守日吉《ひえ》八幡神社のこと。中世から信仰を集め、安東氏が保護し、佐竹氏も篤く帰依し保護した。

注25　寶塔寺…もと真言宗寺院だったが宝永七（一七一〇）年日蓮宗に改宗。一説に寛永七（一六三〇）年に改宗したともいう。裏山に七面天女を祀る七面堂があり七面山とも呼ばれる。江戸時代には久保田城下や土崎湊から多くの人々が訪れた。

注26　幢蓋桜…菅江真澄は「燈台桜」（「さくらがり」文政七＝一八二四年）としている。この木の周囲は一、五メートル、高さ三メートル、一、五メートル上から四つに分れて蜘蛛のようであり、横の

が上る瀬はたいそう清らかで、目の保養になる川である。

　柴を負わせられ牽かれて川を越えていく馬、また、放し飼いされた馬が所々に見える。草を食んでいるのを飼い主が呼ぶと、声が分かってどの馬も走り寄って来るのは、人間より情があるようでいじらしい。

　全体、この国は馬の多い所で、秋毎に藩の役人が馬の子が生まれると調べに来て、馬の売買の時その代金を藩主と飼い主で半分ずつ分けるのだという。これを競《せ》り馬(注27)の市というそうだ。

　藤倉(注28)という所は杉の大木が生えていて珍しい見物だというが、道ははるばると遠いので次の機会にしようと、もと来た道に引き返した。

　野寺や村里には人影もなく静かで落ち着いた佇まいの所が多い。ここにも、しがらみ殿という藩主が狩りの途中に休憩なさる所がある。

　今夜は小野寺氏のもとで山から昇る月を見るというかねてよりの約束があったので、翁に別れて夕暮れ近くにそこに向かった。太平山が向かいに見える赤沼(注29)という所にあり、広く見晴らしのよい庭を前にした部屋に座って、月の出を待つ。ほどなくして山端から差し昇ってくる月の光が、たいそう素晴らしいので歌を詠んだ。


　暮れぬまに山端ちかく待ちいでて雲も隔てず向ふつきかげ

広がりは十三、四メートルあると書いている。

注27　競り馬…出羽は陸奥とともに良馬の産地。馬産は領内一円にわたっている。馬産は軍事的必要性からだけでなく、領国経済の確立のためにも積極的に進められた。『梅津政景日記』によれば、城下久保田町と横手町に年一回の定期的な町馬揃を行い、その中で優良な馬を公用馬として高額で買い上げた。時には藩主自ら馬見をした。時代の経過とともに他の町にも馬市が広がった。これは江戸でも評判となり、寛永元（一六二四）年以降、幕府の馬買いも来秋するようになる。十七世紀後半以降政策の変化によって競り馬仕法を定め、本入銀を支出して売買の促進を図った。これにより家臣の馬や農耕馬の年賦購入が可能になり、藩も収入増につながった。宝永六（一七〇九）年には久保田の馬市が春・秋二度になり、明和八（一七七一）年には他の村でも許され、日市の開設まで行われた。

（暮れきらないうちから山の端に待ち構えていて、今、雲にも遮られずに照らしてくる月の光よ。）

長き夜を見るとも飽かじ赤沼の水草清くすめる月かげ

（長い秋の夜を一晩中見ていても飽くことはない。水草が見えるほど澄んだ赤沼を照らす月の光を。）

主人の歌。

庭の面《も》にうつる光も袖寒み霜かと見ゆる秋の夜の月

（庭の上を照らす月の光も、袖が寒いので霜かと見間違ってしまう、秋の夜の月よ。）

娘の弾く琴をお聴かせしようと、ご馳走のもてなしとともに始まったが、娘御は珍しい奏法で返し（注30）などもよく稽古ができていると思われた。

松風の調べかよへる琴の音も月にすめとや雲払ふらむ

（松をわたる風かとまがう琴の音は、月よ澄み渡れと、雲を払うのだろう。）

深夜になるまで居て宿に帰った。

十八日　今日は藩主のみ親のお迎え月（注31）である。み墓は天徳寺（注32）にあるので、参詣しようと精進して、翁とともに参った。

歴代の藩主のみ墓を次々に拝んでいくと、藩主の父君のみ墓も後ろの山に祀ら

寛政六（一七九四）年まで競り馬仕法が続いた。

注28　藤倉…戦国期から見える村名。旭川上流の山内地域。藤倉権現鎮座。権現について菅江真澄は三輪大明神で坂上田村麻呂が勧請、源義家が修造としているが、秋田風土記は義家の開基と記す。

注29　赤沼…戦国期から見える村名。秋田市街地東部の手形山南端に位置。地名由来の赤沼と呼ばれる沼沢が存在したという。久保田城東の前哨地点で義敦の代にここに雪見殿を設けた。

注30　返し…返爪の略。琴の弾き方の一つで右親指で弦を下から上へすくい上げて弾くこと。

注31　お迎え月…月命日のことか。淙庵滞在当時の藩主は八代義敦。その父は七代義明で宝暦八（一七五八）年三月十八日逝去。

注32　天徳寺…久保田藩主佐竹氏の菩提寺、万固山天徳寺（曹洞宗）。佐竹氏の転封により常陸国から移ってきた。

注33　寺内…秋田発祥の地。淙庵

れていた。たいそうごりっぱで有り難く見申しあげた面影などを思い出して、しきりに流れる涙を押さえることはできなかった。

世々かけし恵みの露もふる寺の苔に分け入る袖ぞかはかぬ

（長い年月にわたって受けたみ恵みを思いみ墓に分け入れば、露に濡れた苔と涙とで、わたしの袖は乾く時はない。）

住職に挨拶をして、日が高くなってから宿に戻った。

十九日　今日は特に天気がよい。湊の方面を見物しようと、親族の中西氏が召し使っている男で江戸から先に来ていた者を案内として、午前十時頃久保田の宿を出立した。

八橋、草生津の橋を渡って、寺内（注33）という所に着いた。古四王（注34）という堂があった。大同年中（八〇六～一〇）の創建で津の国（注35）の四天王寺を遷した所という。厳かで年月を重ねた尊い寺である。

そこから少し西の山際に、高清水という特に清らかな水を湛えた泉がある。前の山は城介どのの家来の砦の跡である。そこからは砂原を歩いてようやく土崎湊に着いた。

この国の米を売買する港で、住居もりっぱなものが立ち並んで賑わっている。ここは北からつづく海で、波の色も特に蒼くて恐ろしく見える。向かい側に男鹿

来秋当時は、羽州街道沿いに日吉八幡神社や寿量院、不動院、菅原神社、古四王神社などがあった。

注34　古四王…古代に創建された。社号の古四王は祀られている大彦命と呼ばれたことに由来。ヤマト政権が日本海沿いに北へ勢力を拡大するとともに、越王の神も支配の象徴として各地に祀られたらしい。また「四王」は仏教の守護神である、帝釈天の配下、多聞天、持国天、増長天、広目天の四天王を指すとも考えられている。毘沙門天（多聞天）は北方を守護する神とされているところから、古代のヤマト政権が新しい土地を攻略するたびに祀られたと考えられている。室町時代は安東氏の庇護下にあり、佐竹氏も別当を天台宗から真言宗に替えて帰依した。

注35　津の国…摂津国の古名。現在の大阪府淀川以西の地と兵庫県東部。淙庵は歌人でもあるので好んで古語を使う。

の山が近く見えて、景色の良いところである。

夕暮れにここのてぐつ（注36）の家に行って、地元の舞を見る。とても素朴であるのもまたしみじみと面白い。

夜が更けてから土地の宿に帰って寝た。宿の主人はなにくれと親切にしてくれた。

夜に雷が鳴り、雨が恐ろしい勢いで降った。

二十日　夜が明けると空はよく晴れていたので、急なことではあるが男鹿の方面を見ようと、同行した男からあおだを借りて、乗って出立した。

砂原をはるばると通って、能代と舟越《ふなこし》との分岐点に着いた。南に曲がって行くと、砂原が尽きて芝草の交じる道に出た。野道は広くどこを行けばいいのか迷ってしまうほどだ。

出土《でと》村という所に北野天満宮が祀られている。神社の様子や彫刻は古代の技《わざ》であり、このような所にはたいそう珍しい見物《みもの》である。

今朝から道ですれ違う牛馬の数は、何頭とも数知れない。馬追いはひとりで五、六頭、あるいは十頭以上を追ってくる者もいる。これらはみな、荷を負わせて湊に行き通うのである。

午後四時《申》ごろ舟越という所に着いた。八郎潟（注37）といって海につづいている湖があ

注36　てぐつ…淙庵は『雪のふる道』にも「てぐつ」を記録しており、それは遊女を指している。

注37　八郎潟…男鹿半島はもと離島だったのが縄文時代の海進以降、八郎潟を抱く陸繋半島を形成した。干拓の計画は江戸時代からあったが、実際に始まったのは第二次世界大戦後だった。それ以前は琵琶湖に次いで全国二位の大きさだった。フナ・ボラ・ワカサギ・エビ・アミ・シジミなどの魚介類が豊富で、春から秋までは打瀬《うたせ》漁、冬は氷下漁《こおりしたりょう》を行い、食生活を豊かにしている。

る。四里《16キロ》と七里《28キロ》四方である。この国の言葉では湖を潟というのである。

潟の八郎の社（注38）というのがある。北の方角の洲崎に建っている。鳥居ははるばると海中に建っているのが見える。この神はもとこの土地の人だったのだが、こうして神に祀られているということである。この湖は冬が深くなると凍って、その上を人も馬も行き通うことができるという。

このあたり鳥海山を南に、男鹿の山を西に、太平、仁別の山などは東に見えて景色の良い所である。入日がとても晴れやかで暖かくなってきたので、明日も天気が良いように思える。

この辺りを舟で渡って舟越の知り合いの家に宿った。本当は男鹿の山だけに行く計画だったが、天気が良くなるようであり能代へも道続きなので行くことにしたと、湊の男のもとへ手紙を書いて知らせた。

二十一日　この宿を出立するとき。主人に歌を詠んで渡した。

立ち出る名残をかけて今朝もなお心ひかるる袖のうらなみ

（ここを立ち去る名残惜しさに、なお心ひかれて涙で濡れる袖の裏よ。）

南の海辺に出た。昨日見た湊の町は波を隔てて、向かい側に見える。

今日は空が特に晴れて、冬の季節に入ったのだが暖かくて汗ばむほどである。

このような日は磯伝いに行くのも障害がないだろうと、山道は行かず海に沿って

注38　八郎社…八郎潟を八竜湖ともいう。八郎潟周辺には八郎太郎伝説と竜神信仰が行なわれ、雨乞行事と結びついている。湖岸には八竜神祠が十一祀られ、最も規模の大きいのは淙庵が記録した船越の八竜神社で、湖鎮守だった。

磯伝いに行くことにした。

　打ち寄せる波が小さな石を運んでくるのを見れば、磯はまるで碁石を敷いたように美しい。

　脇本(注39)という所に出た。山の上に城介どのの城跡があるという。海に突き出た山で、岩が白くはげたようなおもしろい山の姿である。崖から石が抜け落ちて道を遮って危険な箇所が多い。あおだに乗ってこの山の麓を行くのだが、石が多く歩きにくい所は降りて歩く箇所が多い。

　波が足下まで寄せてくるのだが、避けようにも岩畳の道なのでたいそう歩きにくい。この山の岬も峰も山裾も真っ白な岩で覆われていて、絵にも描き表わし難い。ようやく船川という所に着いて、漁師の家で昼飯を取った。

　男鹿から薪を積んできた舟でここから戻って行くのがあった。今日はわずかばかりの距離なので海の上は危なくないだろうと、この舟を借りて舟で男鹿まで行こうと決めた。

　この海は春夏は島巡りするにはよいのだが、冬は風が荒れて冗談にも舟を出す者はない。しかし今日は特に風がなく、波が静かで春にもない日和なので、こうして舟を出せるのである。

　まず、南の方角ににゐ島という長く突き出た島がある。ここをはるばると巡っ

注39　脇本…戦国時代に土豪脇本五郎、安東愛季《ちかすえ》らが拠点とした。安東氏は檜山《ひやま》（現能代市）を拠点とする一族と、湊（現秋田市）を拠点とする一族が対立していたが、元亀元（一五七〇）年頃愛季が両家を統合した。脇本城は男鹿の旧拠点の中間に位置する要衝だった。

て西に向かうと、北の海がどこまでも奥に続いている。このまま行くとこまの国(注40)の向かいに繋がると聞くにつけて、たいそう恐ろしく心細い気持ちがする。

鵜の崎という所に着くと、たくさんの島が海中に立っているのが、まるで中国の虎や獅子王などが跳びかかっている姿に見間違えそうで、なんとも不思議で言葉では言い表わせないほど驚いた。島に寄せる波は霰が散るように飛び散り、恐ろしいこと限りない。

こうして椿という村の浜辺に着いた。椿が多くある所で、春の花の咲く頃は例えようのないほど美しく見えるという。館山という所に続いている岡はここにも城の跡があるという。岩の色がまるで五色に見え、夕日が映える頃は、目もくらむような美しさだという。

とどくりという島に着いた。ここは石の色がすべてそれのように黒く、不気味な様子である。ようやく舟が止まる所に帆かけ島という、山のように大きな島がある。そのままここは男鹿の山になるので舟を下りた。赤神山(注41)の別当寺日積寺《にっしゃくじ》という門前の、漁師の宿に宿を借りた。すべてこの浜辺の山、石の佇まいはまだ見たことがなく、強いて表現すれば中国の絵のようだといえば、少し似ているだろうか。

二十二日　朝早く起きて外に出てみると、海上に風が立ち波が荒れて、島巡り

注40　こまの国…高麗の国。日本で朝鮮半島をいう語。

注41　赤神山神社…平安時代から存在したらしい。天台宗延暦寺の系統に属し、国家鎮護の体制に組み込まれた。幕府のための祈祷を行う霊場の役割をもっていた。鎌倉時代後期になって、安東高季が入ってくると五社堂は赤神神社の本殿とされた。

するなど考えられない。こういう状態では今日は留まって、明日波が静かなら舟にお乗りなさいと皆が言うので、どうしようもなくて宿に帰った。

昼頃、宿の主人を案内人として赤神山に参詣した。ここが本山だという。慈覚大師が開基なさったという。

日積寺を通ってまず薬師堂に入り、秘蔵の宝物などを拝見した。弘法大師がお書きになった両界の曼荼羅《まんだら》(注42)や城介実季殿が文禄年中（一五九二〜九六）に七百石の寺の領地として与えられた証文、赤神権現の肖像画などを拝見した。肖像は中国人の姿の黒い冠を被った貴人で、車に乗って笏を手にしている。その傍らに桃を持った女がいて、皆雲に乗って飛行している図である。五色のこうもりが四隅で飛びながら守護している様子が描かれている。赤神権現は漢の武帝を祀っていると僧が語るのを聞くにつけても、不思議な珍しい話だと思われた。

荘厳な造りの鐘楼があった。明徳二（一三九一）年に鋳られたと鐘にある。蓮池の中に弁財天のお堂がある。又、除夜に油餅の法会(注43)として、火をおびただしく焚いて秘法を行う所だという。

ここから山上の五社堂まで五町《545メートル》あるのだが、その道は石を重ねて道としたようである。この坂は赤神が鬼に命じて一夜で造らせたという。本当に丸い石だけを積み重ねて造った坂で、踏めばぐらぐらして危ないようだが、昔から道が破

注42　両界の曼荼羅…仏語。両界は密教の金剛界と退蔵界。曼荼羅はその世界を図画したものという。

注43　油餅の法会…油締めともいう。十一月十五日前後に行う。燈火、食用、整髪などに用いる油の締めの仕舞いに由来する祝として、餅をついたり油気のものを食べたりする習俗。油祝いともいう。

損したことはないという。実に人間の力でなされた技とも思われない、不思議な坂である。坂を上りきった所に慈覚大師が祈祷したお水という、廻りを石で囲んだ井戸には清らかな水が湧いていた。

山門を入ると山の平坦な所に、五つのお堂が並んで建っている。城介どのが建てられたお堂といい、その家の家紋がはっきりと残っている。山に囲まれ落葉が積み重なって、神々しい雰囲気である。階段の側に鬼が逆さまに植えた杉だというのが、一本枯れ残っている。

海が木の間から近くに見えて、言いようもない素晴らしい風景である。その後ろの山越えの道は新山(注44)に続いている。新山にも同じように五社があるという。

さて、ここから海岸に下りて行ってみると、五色に色をつけたような砂が敷かれ、立っている岩は不思議な、珍しい形をしていて、言葉では言い尽くせない。

縦横に筋が入ったもの、または黒い岩に白い筋が横に入ったもの、あるいは赤い岩一枚ごとに重なった苔を引き掛けて、青く見える岩もある。空洞になった岩の穴の大小すべてを苔で塞いでいるものもある。かぶとの鉢のいぼのように立ち上がっているものもある。あめ牛（黄牛）の色をした岩もある。金くずを集めたようなものもある。白い岩に黒い点々を隙間なくつけたものもある。紫色の、かば(注45)色の岩など、見るものすべて目を驚かす。

男鹿・五社堂

五社堂に向かう階段

さて、岩は家よりもさらに大きくて、その下を潜って通ることができるものもある。山の洞窟を潜るようにとりついて登ることができる岩もある。さまざまな動物の形に似ているもの、人間の立ち姿に似ているものも多い。

このような岩はひとつでさえ珍しい見物なのに、珍しく全部異なった岩がこんなにも集っているのを見れば、世に珍しい岩はすべて尽してここにあると思われる。この岩は何だろうかと思わず見入ってしまうほど、例えようのない驚くばかりの光景である。仙人が住むというのもこういう所と存外違わないのではないかと思われてくる。

夕暮れ、宿に帰ってつくづく考えた。島巡りするのにこれ以上に珍しい所があるとすれば、どんなにか不思議な世界だろうと思うにつけ、ここで止めてしまうわけにはいかないと思った。明日、今日と同じような波風なら舟では越えられない。今日の五社堂の上を山越えして安禅寺（注46）に行き、新山から北の浦に出よう。もし、天気が回復すれば舟で島巡りをしよう。ともかく明日の天気にまかせて選ぼうと決めて、皆、床に着いた。

主人は珍しい客人のもてなしにと、急にもみ米を出してきて磨り臼で白米にひくなど騒々しい音を立てている。秋田六郡（注47）の中でこの男鹿で作る米の味が特によいので、藩主のお食事にもここの米を用いるという。

注44　新山…真山と書く。創建は平安末期を下らないといわれ、戦国時代には安東氏の、江戸時代には久保田藩主佐竹氏の祈願山とされ、両氏から神領の寄進を受けており、秋田十二社の一つに定められている。赤神山と真山合わせて赤神山ともいう。

注45　かば色…蒲《かま》の穂の色。赤みを帯びた黄色。

注46　安禅寺…安善寺。真山の北東麓、真山村の東に位置。この寺は安東氏より寺領を受け、真山光《こう》飯寺《ぼうじ》末と伝えられる。

注47　秋田六郡…関ヶ原戦時、佐竹義宣の態度が日和見的だったとして、戦後処分で常陸から秋田への国替えを命じられ、秋田・檜山（山本）・豊島（河辺）・山本（仙北）・平鹿・雄勝併せて六郡を与えられた。

さて、男鹿は二万石を産しており、昔は天台宗の島で慈覚大師が開基した時から三百の僧房があって二万石をそのまま収納しりっぱな道場だったが、城介どのがこの地を治めることになったとき、七百石と決められた。

慶長の頃、わが藩主の遠いご先祖の義宣侯が初めてこの国を賜った時、(注48)国内の寺社調べを行い規則を決められた。赤神山の別当は規則に従いたくないとして、船六艘を仕立て寺の宝物を乗せて比叡山に帰ろうと船出したのだが、酒田の沖で嵐に遭って船は全部破損し、多くの僧侶が溺れ死んだ。昔から伝えられた宝物も全部海に沈んでしまった。わずかに波が打ち寄せた曼荼羅や赤神権現の肖像画などを取りあげたものが、今こうして残っているのだという。ようやく老法師が留まって国の僧都で寶鐘院という僧を弟子として再興し、今は真言宗の寺になったということである。たいそう不本意で痛ましいことであった。

二十三日　朝起きてみると風は少し静まったようだが、波は依然として白く見える。こういう状態では舟出することはできないと船頭がいう。それではどうしたらよいだろう。安禅寺越えをとるしかないと、それぞれ徒歩で山越えする準備をして出立した。

残念なことこの上ない。何度も海の方を振り返り見ながら行く。五社堂の鳥居を潜り坂道の半分ほど来た所で海の方を眺めると、風はさらに収まって波がわず

注48　義宣公入部…慶長七（一六〇二）年に秋田六郡の判物を受け（石高は示されず）、九月十七日に（九日説もあり）、安東秋田氏が常陸宍戸へ国替えになったあとの土崎湊城に入った。

かに白く立っているだけである。こういう状態だったら島巡りもできるだろうと、皆で戻り、船頭を呼んで島巡りしたいと告げると、船頭は

「この白く見える波が少しも立たないで、海の色が青く見える時にはじめて風が収まったというのです。今、わずかに波が立っているだけですが、沖は波が静まったわけではないのです。ましてや冬の空です。ちょっとの間も測りがたいのです。」

といって引き受けてくれない。

なお、諦めきれず思い悩んでいると、この浜辺の村から漁に出かける舟が三々五々漕ぎ出して行く。木の葉のように浮かんだり見えなくなったりするので、

「あれはどうして海が荒れているのに出るのか。」と尋ねると、船頭は笑って、

「彼らはこれより波が高い日でも舟を出します。ただ海に慣れない人が無分別に考えつくことでも、それは話の筋が違います。荒海に少しでも波が立っているので辛抱してください。」

という。それはもっともなことだと思ったが、

「どうしても無理強いして行き難い所まで行きたいというのではない。ただどうしても見たい島ひとつふたつを見て、風がある場合はそこから戻ってこよう。せめてそれだけでも思い出に故郷の土産話にしよう。」

と言うと船頭は、

「そういうお考えでしたら無駄なこととは思いますが、たってのお申し出なので、お心に従いましょう。」

と素早く楫を準備し、艪綱《ろづな》を整えて、舟出の準備が次々とできた。やっと思いが叶う心地がして、あおだも何も全部舟に運び入れ人々も乗り込んで、ここ門前の浜から漕ぎだした。

無理に舟出したのだが、岸を離れると波がだんだん高くなって、舟は山に上り谷に下るようになり、恐ろしく思われる。りうづ島という所に着いた。本当に龍が頭をもたげたように海上にそびえ立っている。その高さは七十間《126メートル》もあるという。このあたりに並び立っている島は数知れない。どれも不思議で珍しい様子は筆舌に尽しがたい。岩の色もさまざまに分れて、わざと造りだしたようで驚かされる。

をんべ島、宮島、阿字が島、まないた島、舞台島などという島の間に波が入り込む様子、あまりに高い岩を越え、ほとばしりながら帰る波が度を超す勢いで落ちる様子は、滝水がそそぐかのように、また、雪が白く積もっているようにも見える。

岸に続いている高い山の峰から滝が一筋落ちてくるさまは、誠に趣きがある。

これを大瀧というそうだ。その麓の岸陰の北側に、むろの岩屋という大きい洞窟がある。それと並んでまた船かくしの窟、かはほりの岩屋というのがある。これらのはずれにあるのは、かうさくの岩屋（孔雀《こうじゃく》の窟《いわや》）という。どの岩屋も舟を乗り入れて見物できるそうだ。洞窟の内側はどれも五色の岩だという。波が高いので側に寄って見ることはできない。岩屋のあたりの山はどれも朱をかけたように赤く見える。珍しいというには言葉が足りない。

またここの山から落ちる滝を小滝という。岩屋を少し離れた所に大山橋、小山橋といって、まるで橋のような形をして突き出した岩がふたつ、海中に立っている。この橋の端を帆掛け舟が難なく擦れ違えるのだという。この橋の様子は本当に不思議で、鬼神などが造り出したとしか思えず、自然と横たわったり立ったりしている形は、人間がどんなに力を尽くしてもこうは造れまいと思われる。本当に不思議な見物である。このあたりは波が特に高くて、これ以上側に寄ることはできない。

船頭たちは力の限りを尽して、山のように立ちはだかる波をしのいでくれるが、私も供の者も生きている心地がせず、あおへどを吐き舟底に転がり横たわった。

はるばる漕いで、ようやく加茂という村に漕ぎ寄せた。嬉しさはこの上ない。すんでのことで死ぬところだったと、人々は急いで舟から下りて、漁師の家に宿を求めた。

ここにも大きい岩屋がある。かんかねというそうだ。人々を伴って見に行く。近づくにつれ、特に大きく恐ろしい様子なので、だれも中に入らないで戻ってきた。宿の者たちは皆漁に出ていたが、ちょうど帆を引いて帰って来た。晴れて夕日が美しいが、沖の雲間から時雨がひとしきり降り注いだので、今戻ったばかりの舟が濡れているのは、なかなか風情がある。

浮き雲の日かげうつろふ夕波にしぐれて帰るあまの釣りふね

（浮雲の空も陰って時雨《しぐ》れてきた。漁をしていた海士《あま》も夕波の上を濡れて帰ることよ。）

この浜辺は北西に向かっており、住居も二、三十軒ばかりある。どこも山を背に畑を作り、漁師を主な仕事としているようだ。加茂明神のお社があるので自然と村の名となったようだ。

このような北の国の果てまでも隔てなく、和光の誓い(注49)を示してくださるのだと、有り難く尊く思われる。

おもひきや加茂の神垣ここにしも誓ひへだてぬ宮居ありとは

（思いもよらなかったよ。加茂の明神がこの地まで誓いを示すために、鎮座しておいでになるとは。）

注49　和光の誓い…衆生を救うために威徳の光をやわらげ、仮の姿で衆生の間に現われようとする誓い。

この宿にした家は広々しており、人が多く賑やかで気持ちのよい住いである。全体、人の心がいなかびているのは当然として、真心に嘘いつわりがない。

「江戸のお客様にはどんなにか気に染まない宿りでしょう。」

と、恐縮している様子も他の土地ではないことである。畳や簀子《すのこ》のようなものはない。板戸や床もただ杉板の三、四尺、五、六尺《1・8メートル》ぐらいの幅の板を組合わせて、そこに菅《すげ》で織った筵《むしろ》を厚く縫い重ねたものを敷いている。

酒も家毎に、一家で飲む量を造るようである。

魚ははらわたを除いて食べる習慣がなく、そのまま一本を煮て出すのである。漁から帰ったばかりの魚がびくの中で暴れているのを見れば、新鮮なことは言うまでもないのだが、包丁を使わないで調理したのには抵抗があり、多くも食べないで箸を置いた。

夜具というものも特にない。埋み火(注50)に大きい枯木をくべそれが暖かくなると、その周りに着たまま寝転んで夜を明かすのである。

便所はとても不都合で、大壺などは備えられていない。薦《こも》すだれ(注51)を掛けた小屋の中に石をふたつ置いて、それをまたいで用を足すようにしてある。大便をわら灰の中に押し込んで、小屋の隅に山のように積んで置き、必要な時に田畑に肥料として用いるというのだ。入り口にも掛け金というものはなく、薦すだれをかき

注50　埋み火…灰の中に埋めた炭火。いけ火。

注51　薦すだれ…真菰の古名。マコモで編んだすだれ。

あげて入るなど、すべてにおいて見慣れない習俗ではある。

しばしば時雨が来て、一晩中波の音が聞こえる。明日の天気はどうだろうかと心細い思いで臥した。

二十四日　早朝起き出して空を眺めると、空はよく晴れているので、急いで朝飯を食べ、この宿を出立した。

この後ろの山を越えて北の浦に出る計画である。夕べの時雨で山道がぬかるんで難儀する。高い所に出て昨日来た方向を見ると、朝日がさわやかに照って海上も穏やかである。

「ああ、昨日の海は今日と違って、随分ひどいめに遭ったよ。」と使用人がつぶやいたので、我ながらほとほと無茶なことをしたと反省した。取り戻そうにも詮ないことである。

少し登りが続くにつれ峰峰が分れて、男鹿の山が南の方角に近く見える。本山の後ろに並ぶようにして同じような峰がある。これを新山というのである。ふたつの峰の間を袴《はかま》越しという。なるほどまろやかな形をして袴をはいたように見える。安禅寺越えをすれば新山の五社の権現に必ず参ることができるという。

稲束を負った馬を牽いてくる女がたくさん来る。この国の習俗として女もこのような仕事を日常にするのである。たいそう元気に険しい道を追い抜いて行く。

驚くばかりである。

坂道が下りにかかる所に湖がある。縦横百間《180メートル》ばかりなのを一の目潟（注52）という。二の目潟、三の目潟というのも山中に、同じような湖があるという。

戸賀の村というのを山の上から北に見ながら行く。加茂から舟路では三里《12キロ》以上あるが、山を斜めに越えるのでたいそう近く見える。山間から海が見える。とてもよい眺めが所々に見られる。

平沢という村に着いた。ここも浜辺の村である。ここからは道が平らで海岸沿いに出た。昼にはまだ時間があるが、風が少し吹いてきたと思うと沖の方から波が白く立ってきて、あっという間に荒れてきた。今朝見た海の様子とは似るべくもない。こういう事態になるのだから、今朝天気がよいからと舟を出しても終いにはこの荒々しい波に出遭うのだと、今ようやく納得した。

海岸沿いに一里《4キロ》ほど来て、北の浦という村に着いた。ここは本当に北の果てであり、海の色、風の気配すら恐ろしい様子である。

ここで昼食をとるためあおだを下ろして休んだ。幼い子どもたちが集まって来て、このあおだをひどく珍しいものを見るようにしている。このような所では見たことがないのだろう。不思議に思うのももっともである。使用人もあおだ担ぐ者も濁り酒を買い、満足するまで飲み舌つづみを打って喜んでいる。酒の色はた

注52　一の目潟…寒風山から入道崎へ行く途中にある、男鹿目潟火山群のマール（爆裂火口）である。

いそう白く濁っていてはた目にさえ避けたく見えるのだが、酒好きには道中の楽しみとして喜び飲んで満足しているのも、おかしなものだよ。

　こうしてまた浜伝いに行くうちに、日が陰ってきて空の様子があやしくなってきた。それでなくても潮風に傷んだ着物に、時雨がときおり降りかかってきて侘しさはこの上もない。

　ようやく相川という村に着いた。まだ午後の二時《未》だが天気が悪くなれば道も行き難いというので、この村に泊まることにした。

　馬屋も同じ建物の中にあり、飼っている馬が五、六頭いるようだ。まぐさの臭いが漂っていて耐えがたい。

　主人には兄弟が三人あり、皆妻子を持って同じ家に住んでいる。女、男、子供たちを数えると十八人の家族だという。どこもこのあたりはこのような習俗だという。人情はたいそう優しく、体裁をつくろわず、ただただ接待が満足してもらえるかどうかを心配し、恐縮している様子は優しく好意が感じられる。

　この海辺の家は壁を塗っている所はない。冬、特に冷え渡る頃は壁土が凍って耐えきれないのだという。それでどの家も束ねた藁を幾重にも柱に編み重ねて壁のようにしているので、かえって隙間風も通さない。中に入って休んでいるとだんだん暖かさが増してきて、なかなか頼もしい。ここも漁を主な仕事にしており、新鮮な魚を調理して進めるのだが、例のまるのまま焼くので、胸がいっぱいになって食い切れずに箸を置いた。

男も女も継《つ》ぎ接《は》ぎだらけの短いものを身にまとい、煙で煤《すす》けて男か女か区別がつかないが、それでもよく見れば女に器量の悪い者はいない。西浦まではそうでもなかったが、ここでは特に美しく見える。

この一家に夜具などしっかりしたものはない。湖から上がる藻屑を干し乾かして寝室に山のように積み置いて、湯巻き(注53)のようなものを被り藻の中に埋もれて眠るようである。何とも粗末だが、このようにしても生きていかれる暮しは見苦しくもないと思われた。

夜に入ると雨風が激しくなってきて、眠ることさえできない。今夜も波の音が近くに聞こえる。侘びしさは限りない。

二十五日　ここから能代まで十二里《48キロ》以上あるという。その間には宿にする村も少ないというので、無理してでも能代まで行こうと急いで出立した。

雨は止んだが風が一層強まって、浜辺を行くのは耐え難い。宿の主人の弟が浜辺の案内人として一里ほど送ってきてくれた。ひどく荒れて波が屏風を立てたように立ちふさがる岸辺を、波の引いた隙を見計らって走り過ぎるのである。

潮が満ちて歩けない所々は上の山に登りながら行く。こんなことをしていては

注53　湯巻き…①中古、貴人の入浴に奉仕する女官が湯にぬれるのを防ぐため、衣服の上から腰に巻いた裳《も》の一種。転じて、女房の略装をもいう。
②一般に入浴に際して腰に巻いた布。江戸時代宝永年間頃（一七〇四～一一）まで男女とも布を腰に巻いて入るのが慣わしだった。転じて女の腰巻き。
菅江真澄は恐山など南部の温泉で湯に入る時、男はふんどし、女は湯巻を結んで入るのを目撃している。他の地域では見かけぬ良い風俗だと書いている。ただ真澄は古典から湯巻きを理解しているが、涼庵も古典どおりの湯巻きだろう

道ははるかに遠いままだと、また浜辺に下りて歩く。あおだを担ぐ者たちの労役は言うまでもない。波が荒々しく寄せてきては返す時に、大きい石が躍り上がりぶつかりあい、大きな音を立てるのはあきれ果てる。

干潟に打ち寄せる波が引く時に、潮の泡を風が荒々しく巻き上げるので、雪のように飛び散るさまは今まで見たことがない。大体、北の海は潮の干満などないという。

あら海の北の浜辺に寄る波のまだき雪かと冴ゆる潮風

（北国の荒海にうち寄せる波の花に、もう雪の節かと思ってしまうほど冴えわたる潮風よ。）

実に三冬の荒れ始める季節にわが国の北の果てを行こうとすれば、こういう目に遭うことになるのだろうが、まだ体験したことのない道の様子に、気力も萎えてしまうようだ。昔は越後の蝦夷(注54)とさえ国史に書かれていたので、このあたりはまさにその国の中心なのだろうと思うと、急に恐ろしくなってくる。

男鹿の山も今日は後ろに見えて、さむかぜ山(注55)という山が行く手に見える。本当にこの辺りの風の寒さは耐え難い。

浜辺沿いに六、七里《24—28キロ》も来たかと思っていると、小さい砂は稀になって磯辺も陸地も区別のつかない、方向も分からない砂原に出た。風が強く吹き上げると砂土か。掛けて寝るには心許ない気がする。

注54　越後の蝦夷…ヤマトタケルは東征の帰途に「蝦夷の凶悪な人どもはことごとくその罪に伏した。ただ信濃国や越国だけはまだ少しばかり教化に従っていない」と言っている（日本書紀）。六～七世紀にかけての地方支配機構として国造《くにのみやつこ》が存在する地域はヤマト政権の支配が及んだところだが、福島県中通・浜通と宮城県南部の浜通を除く大半の東北地方および新潟県北部には国造がみられず、ヤマト政権の外側だった。淙庵の知識はその当時の歴史的なもの。

注55　さむかぜ山…寒風山《かんぷうざん》。標高三五五メートルのアスピーテ火山で全山が紫蘇輝石安山岩からなっている。古くは妻恋《つまごい》山・羽吹風《はふかぜ》山・さむかぜやまともよばれ、男鹿の人々の信仰の山だった。

は煙のように上がり、そこに時々雨まで交じって、身をかわす物陰もない。せめて干鰯《ほしか》を干していた苫《とま》が吹き飛んでいたのを皆かぶって、あおだの陰にうずくまった。そうしていてさえ強風があおだを吹き倒しそうに揺するのである。我慢できなくて再び歩き出すと、砂原に足をとられ、引き戻されるようで進めない。

見渡す限り村里もない。黄ばんだ枯草が一面に広がっているのがかろうじて見える上をひたすら踏んでいくと、さすがに行き交う道が一本見えてきて、ごく稀に行き交うのは漁をした魚を馬に負わせて、能代へ通う者をたまに見るばかりである。

道端に卒塔婆《そとば》が立っている所が多くある。あれは何かと聞けば、これは吹きとりに遭ったものを葬ったのだという。それはどういうことかと尋ねると、雪の降る日に強い風に凍えて死んだものを吹きとりというと答えた。たいそう悲しくまた心細いことこの上ない。本当にこの道で吹雪に遭ったならば、だれか生きて帰る者がいるだろうか。それを知りながら生活のために無理して行き来するのだろう。考えが浅はかだとはいえ、同情すべきことと思った。

風はますます激しく吹きつけてきて、沖の方は暗く塞がって夕日の光も見えない。雲に反射した光りが斜めに差しこみ、沖で激しく降る雨足が横なぐりになってくる。激しい波に虹さえ立って、暮れていく空の様子はいいようもないほど恐

注56　松前…蝦夷島は江戸時代の一六三〇年代（寛永年間）に松前

ろしい。

　東の方角の果ての海沿いに、大きい山があり黒い雲が凝り固まったように見えるので、どこの山かと尋ねると岩館といい秋田と津軽の国との境にあるという。松前[注56]はその山の向こうにあるというので、いっそうここがわが国の内であるとは信じられない。はるかな異国に来てしまったような気持ちになり、どのように言い表したらよいか言葉もみつからない。

　まもなく日も暮れる。道中暗くならないうちにと、皆、力を出して急いだ。浜辺からようやく遠ざかり山を回って東の方角に折れる道に出て来た。波の音もだんだん遠くなって、たいそう低い木立の続く森に出た。同じような木が多く見えるが、グミという木が茂っているのだ。ここが能代[注57]の入り口である。町も遠くないというので、生き返った気持ちがしてあおだを急がせた。暮れきってしまった頃、ようやく町に着いた。

　宿をとって藁靴の紐を解くのももどかしく、入って休んだ。折からつれなくも降り出した雨が激しくなってきた。ちょっと道中遅れたら途中で降り込められてしまうところだったたと、皆喜んだ。

　能代はこの国の北西に位置する港町で、ここもまた難波《なにわ》[注58]から入ってくる船の船着き場なので、人の往来も多くことに賑やかである。昔は蝦夷の人の野城があっ

地と蝦夷地に地域区分された。松前までが江戸時代の初めは「日本」だった。十八世紀後期、ロシアの蝦夷地接近が江戸幕府に危機感を抱かせ、次第に蝦夷地は日本国内という位置づけになり、明治政府によって松前と蝦夷地の区分がなくなり、北海道が成立した。

注57　能代…能代の町は弘治二（一五五六）年に成立した。檜山の城主安東氏によって清水治郎兵衛が町支配と材木支配を命じられた（代邑聞見録）。今の大町・万《あら》町《まち》・上町・中町・下川反町《しもかわばたまち》・後《うしろ》町《まち》・清助町《せいすけまち》に移り住んで町を構成した。江戸時代に入ると海運の盛況もあって人口が増加し、町は拡大した。十八の町を五つに分けて自治機能を持つ五町組を作った。能代は草創時から商業の町であり、材木が主な商品だった。

注58　難波…今の大阪市およびその付近の古称。久保田藩の蔵屋敷が難波にあって、淙庵も出入りしていた。そこでの文芸生活が彼の『遊西漫偈《ゆうせいまんげ》』から窺える。

たことからこの地名になったのだが、後に今の文字に書き換えたという。

町通りも時の鐘なども城下と変わらず、謡いながら通り過ぎる人々が一晩中絶えることなく、夕食を出す宿もこ綺麗に整えて出してくれる。食べたいものが膳に並ぶので、皆満足するまで食べている。酒までも澄んだ色をして香り高く、これまでの接待とは似ても似つかない。はるかに遠い道を来て疲れ切ったので、急いで夜具をひっかぶりぐっすり眠った。いびきが高く正体もなく眠っているのももっともなことで、ここまでの道中の辛さはいうべくもない。

二十六日　以前からここの八森《はちもり》という所の滝を見たいと思っていたのだが、今日、雨が降っており行く道には山川を渡る箇所が多いので、無理だろうと諦めてしまった。そこは一里もない所で遠くないのだが。その滝は幅が八間《14メートル》、高さが二丈《6メートル》以上あり白衣を掛けたように落ちてくるという。わが国の内でも例のない見物だと聞いていたので残念である。

一日中雨が降るので端っこで無聊をかこっていた。夜になると宿の主人は、

「退屈でございましょう。ここの柳町(注59)を見物に行きませんか。」

と誘ってきた。どうしようかと迷ったが、強く勧めるので使用人もあおだの者も全部引き連れて出かけた。

そこは遊女のいる所で建物もなかなかなものである。酒や料理も上等で、行き

注59　柳町…能代は貿易港だったのでその繁栄をはかって、遊女を置いた。遊女は船に乗って敦賀、大坂、京都など他国から季節的にやって来るものが多かった。清助町と新町に揚屋が二、三軒あったが、元禄年間（一六八八〜一七〇三）に柳町に移されてからは揚屋の数も増えた。遊女たちは船の寄港する三月三日から九月九日まで働き、それ以降は国に帰る者が多かった。三月三日は年礼といって着飾って行列して歩いた。

注60　戸塚…能代の遊女は上方から来るものが多いので、上方の遊郭で唄われる座敷唄のようである。『秋田風俗問状答』は他に間垣、きゃら節と三曲があり、戸塚は太鼓と三味線で唄い、まがきは小鼓と三味線で、きゃら節は太鼓・小鼓・三味線を使うという。それぞれの文句を繰り返して、声を長く伸ばし節はゆるやかだという。
　淙庵が聞いたのはうるま琴の伴奏だった。上方の遊女は帰国している時期なので、地元の遊女であ

届いた接待に使用人たちは酔いしれて騒ぎ立てている。この頃の旅の生活で、皆、鬢《びん》の毛筋も蓬《よもぎ》のようにもじゃもじゃになっており、島から今日帰ってきたばかりだと、冗談を言っている。

遊女が謡う「戸塚」(注60)という歌を、うるま琴(注61)に合せて節ごとに長く伸ばして謡う声は、なまってはいるものの今様(注62)のにぎやかな類ではない。謡っている唱歌はたいそう古代的で、声明《しょうみょう》(注63)などというのを聴くような気持ちがする。その歌詞はこうである。

声はすれども姿はみえぬ
(声はするが姿は見えない)
それかあらぬかきりぎりす
(あれはきりぎりすか、違うのか)
塩屋の煙りが立つとても
(塩炊く小屋の煙りが立つとしても)
賤が心はあのごとく
(わたしの心はあの煙りのようではなく)
あれは日にそふ桐火をけ
(あれは火が熾《おき》ている桐火桶だよ)

ろう。訛ってひなびていると感想をもらしている。

注61 うるま琴…うるまは琉球の古称。沖縄県石垣市立八重山博物館のご教示によると、うるま琴という固有の琴はないという。琉球では王家の婦女子は中国楽器の琴を使用した。名古屋の徳川美術館には寛政十(一七九八)琉球から江戸上がりの時に携帯した箏が保管されているという。小型で螺鈿《らでん》で装飾された立派なものであるという。慶長年間(一五九六〜一六一四)には日本本土の箏も入ったが、那覇、首里の上流階級で使用され、地方では昭和になるまで普及しなかった。淙庵は「うるま琴」と書いているのだから、小型のものか。

注62 今様…神楽歌・催馬楽・朗詠などの古典形式の歌に対して、平安時代に新しく流行した歌謡。

注63 声明…仏教の経文を音楽的にうたう一種の聖歌。インドから中国を経て、平安時代前期には日本に伝わり、天台・真言二宗がこ

人は思ひの下にたく
（火桶でない人の心は誰にも知られず燃えるのよ）

もっとたくさん聴いた。

同じような店を二町、三町と覗いて歩き、夜が更けてから戻った。

二十七日　今日も空は曇っているが、雨が止んだので七倉天神（注64）を参詣しようと、津軽（注65）道の方面へ向った。砂原を過ぎて大きな川（注66）の側に来た。この堤を行く道はことにぬかるんで難儀する。午前十時《巳》くらいに風がたいそう激しく吹き出してきて、寒さは耐えがたい。そうしているうちに鶴潟《つるがた》（注67）という宿場に着いた。

酒を売る家の入り口にあおだのまま入って、供の者たちは酒を飲んで暖まった。

この宿場は山が幾重にも重なり、谷川が騒がしい音をたてて流れている険しい道である。

長居のできる所ではないので早々に立って山路を行くと、先ほど見た川の川上に出た。木々の紅葉は散ってしまい、山々には雪が白く積もり、田が遠くまで見渡される。おだやかな日和であればどんなにか素晴らしい眺めだろうかと思われる。風がますます強くなってあおだを吹き倒してしまう。何度も吹きつけるので、使用人もあおだを担ぐ者もハラハラしどうしで、助け合いながらやっとの事で飛《とぶ》根《ね》（注68）という宿場に着いた。ここは津軽に通じる道中である。現在午後二時《未》で七倉ま

れを広めた。
注64　七倉（座）天神…能代市二ツ井町小繋。斉明天皇の五（六五九）年創建された天神社。阿倍比羅夫が船を繋いだから小繋《こつなぎ》となったという。斉明天皇は阿倍比羅夫に蝦夷征伐のため派遣した。イザナギ・イザナミノミコトはじめ七座が祀られているがもとは八柱で現在は十二柱。七座の名の由来は神社向かいの七座山による。
注65　津軽道…羽州街道。矢立峠を越えると津軽への道になる。舟岡山御番所・碇ヶ関番所が津軽側の番所。街道には商人旅籠や馬喰宿があった。
注66　大きい川…米代川のこと。
羽州街道一の難所。津軽藩四代藩主信政は参勤の途次、ここを無事通過したことをわざわざ国元へ知らせるほどの難所だった。
注67　鶴潟…釣潟。檜山と冨根の中間の釣潟は羽州街道と能代道の追分の地。足軽番所が置かれ街道と米代川舟運の交通の要衝だった。
注68　飛根…中古は冨根《とみね》と書いた。

では三里《12キロ》と近い距離なので、今日中に行き着けるのだが、風が一向に止む様子はない。草木が激しい音を立て土塊《つちくれ》を吹き上げるので、行先の道もみえない。

「こういう状態では、この先の切石《きりいし》の渡し場から舟は出ないでしょう。無理に進んでも無駄足になります。」

と言われた。それではどうしよう。不都合だがこの宿に泊まったほうがいいと使用人に言われて、そのままこの宿場に泊まることにした。

たいそう粗末な家で隙間風が絶え難いので、夜具を何枚も重ねて臥した。風が吹きまくり一晩中恐ろしい音を立てるので、一睡もできなかった。

本当に北国の空の様子は聞いていたことだったが、このような旅中にさまようことになろうとは。あいにくな目に遭うことよと悲嘆にくれるばかりである。

二十八日　風の様子は一向に収まらない。衰えることなく吹きつけ、空もどんより曇っているので、どこかへ出かけようという気にもなれない。霰が激しく降り宿の門が開く気配もない。

これでは今日も出かけることは難しいでしょうと言うので、どうすることもできず、またここに泊まった。

夕暮に外を見ると雪さえ交じってきて、大路も白くなっていくのでどこへ行こうとの気持ちも失せて、埋み火の側にうずくまって過ごした。こんなに滅入る気持ちになるのははじめてである。

　主人が鴨の肉を熱い汁物にして出してくれるなど、いろいろもてなす心は真情に溢れている。使用人たちはただ濁り酒を慰みとして、一日中酌み交わしながら退屈とも思わずに語り合っている。私も盃一杯でも飲める趣向を知っていれば、彼らのだんらんに交じることができるのにと思っても、甲斐のない願望ではある。

　一日中風が吹きまくり初夜(注69)過ぎるころいっそうひどくなってきた。主人は「家を倒されるところでしたが、何事もなくてよかった。幸いでした。いやーひどい風でした。」と言うので、こちらの肝がつぶれてしまった。そのわけは建ててから大分経た古い家で棟がまばらにしかなく、ぐらぐらした門の戸が傾いているのを今見つけたのだが、絶え間なく吹きつける風に気を取られて、そのように危ないところだったとは知らずにいた。恐ろしいことだった。

　今夜も冷えるので身じろぎもしないで寝た。

　二十九日　今日は空が晴れ渡って、朝日が美しく射してきた。七倉の方はどうだろうかと思いを馳せたが、聞こえてきたのは切石の渡し舟はまだ動かないという知らせである。どうしようか。昼頃まで待っていれば渡ることもできるかもしれないが、あまりにも旅に時間を費やしてしまった。片づけるべき用もたまってしまっただろう。天気もあてにならないので、やはり帰ったほうがよいだろうと、

注69　初夜…夜を三分した最初の時間。また、その間に行う勤行。

檜山の街道の松並木

ここからあおだを引き返して鶴潟の宿場を通って南に向かい、檜山の方面を目指すことにした。

山路を上り、下りしながら行く。

はるか北東の方角に布を一枚、横に伸ばしたように見えるものがあった。これが能代の海である。空も海も同じ青色に晴れて、白く見えるのは渚に寄せる波の色である。おととい見た川が遠くに木の間から見えて、見晴らしの素晴らしさはいいようもない。男鹿の山が前方に見え、あの袴腰という峰がはっきりと見える。これを見ながら行くうち、間もなく檜山に着いた。

ここも藩主の重臣多賀谷氏(注70)が治めている城下である。それ以前は城介どのの本城だという。山中の町であるが、住居が建ち並んでいて賑やかである。ここの他にも藩主の重臣が治めている城が五箇所(注71)ある。大館と十二所とは津軽道にある。角館は南部藩との境にある。横手と湯沢とは江戸から入る宿場にある。

今日は風が南に変わって暖かい。

大森、志戸橋《しどばし》などの宿場を通過して、能代の浜辺に出た。使用人たちは例の濁り酒を飲もうとあちらこちら探し歩き、杉の葉を挿している入り口を見つけ、ここなら酒があるだろうと入って飲んだ。たいそう嬉しがっているさまもおかしくて、歌を詠んだ。

注70　多賀谷氏…秋田に入部した佐竹氏は秋田北部の安定統治を図り、慶長十五（一六一〇）年から多賀谷氏を所　預《ところあずかり》として檜山支配を命じた。

注71　城が五箇所…淙庵の誤り。一国一城令以後に城が残ったのは久保田の他に大館と横手。十二所、角館、湯沢は館だった。

なさけある宿のしるしと思ふにも只にはえこそすぎ立てる門
（情けある宿の酒売るしるしだと思うにつけて、ただでは通過できない杉を
　挿す門前よ。）

私も入ってしばらく休息した。

八郎潟の南側を通り、午後四時《申》頃鹿戸《かど》という宿場に着いた。ここから先にはよい宿がないというので、あおだを下ろして皆休んだ。

明日は湊に帰れると皆喜ぶのを見ると、私も賈島《かとう》(注72)の詩の心を重ねて嬉しくなってくるのが、おかしなことよ。

晦日　これまでの道中に疲れ切ったので帰り道を急ぐため、夜深いうちにこの宿を出立した。

湖の色は明けていく空の光りを映して、例えようもないほど美しい。帆を掛けた舟が風に吹かれてゆったりと渡って行くなど、今日も天気がよいと言いながら歩を進めた。

湖の岸に三倉鼻(注73)という景色のよい所があるというので、あおだを下ろさせて休んだ。ここからは、男鹿の西浦から鳥海山まで見渡されて、視界をさえぎるものはない。

岸に近い所の小さな岡に松が一本生えているが、これは男鹿の山から鬼が背

注72　賈島…北京に近い范陽の人。七七九～八四三。家が貧しかったため出家し僧侶になったが、韓愈に詩才を認められ還俗し、進士になる試験を何度も落第した後、任官した。淙庵の文章は次の詩の四句を踏まえている。

　　桑乾を渡る
　幷州《へいしゅう》に客舎して已に十霜
　帰心日夜咸陽を思う
　端無くも更に渡る桑乾の水
　却って幷州を望めば是れ故郷

「幷州之情」は第二の故郷ともいえる所を懐かしむこと。心ならずも十年いた幷州だが、さらに都から遠い地へと発つにあたって、幷州を故郷のように懐かしく思っている。淙庵は困難な秋田北部の旅を終えて土崎に帰るのを喜んでいるので、賈島の詩の読みを誤っている。

注73　三倉鼻…秋田郡と檜山郡の境である三倉鼻は、高岳山から筑紫岳に伸びる磐船長根の突端で、景色が素晴らしい。七代藩主義敦のここで読んだ和歌がある。

負ってきて、ここに植えたものだなどと話すのを聞いて、不思議で特別な物語だと思った。

ここを立ち真坂《まさか》という所を越えて、蛇川《あぶかわ》、乱橋《みだればし》などという所を通り、行きに通った舟越に通じる追分に着いた。ここまで来て、ちょうど男鹿の山を裏表と一周して帰って来たのだったと納得した。

進むにつれ、湖も離れて見えなくなってきた。下刈と長岡という宿場の間に、小さい湖がある。人に尋ねると小泉潟だという。太平山も見えてきたので湊も近いと急いだ。暮れ近く、湊に帰り着いた。湊の宿の主人が、今夜はここにお泊まりになって明日早くに久保田においでなさいと言うが、長い旅をして片づけなければならない用もたまっているだろうと気が急くので、松明をかかげてあおだに乗って久保田へ帰った。

雨さえ降り出して道もおぼつかない。

初夜の頃、十人衆町に着いた。宿の主人が待ちかねており、随分長い旅行でしたねと言い、この頃の不如意な旅の行程を聞かれるまま答えたりして、夜が更けてから臥した。

神無月（十月）一日にもなってしまった。そもそもこの国に来た用向きは長月（九月）を目処《めど》として処置される約束だったが、まだ未解決である。

十月一日…新暦十一月十六日

さて、今日からは無期限にはできないと、同行した翁を呼んで城への嘆願書の下書きなどをして、一日中忙しく過ごした。

二日　翁を使いとして城の役所に嘆願書を持参してもらった。

雨が降って静かなので旅の記録をしたためようとしていると、内町のお武家方がだれかれと訪ねてきて、その応対に追われた。この人々は男鹿の旅の様子をしきりに聞きたがるのである。自分の国の内なのに余裕がなくて個人的には行けないのだと、しきりに羨ましがる。

今日も応対に明け暮れた。城からの返事はない。

四日　男鹿から戻って昨日まで雨が降り続いていた。今日は久しぶりに日の光が見えた。ここから象潟《きさがた》(注74)までは二日の行程だというので、行ってみようと思ったが、

「十月になれば天気のよい日は少ないのです。同じ北の海なので荒れます。おいでになっても何の甲斐がありましょうや。」

と、宿の主人が止めるのでそのままになってしまった。

岩野（上野）に住む中村氏が子供のもとに来ていたが、そこから宿に呼びによこした。隣町で遠くない所なので、夕月の頃訪ねて語り合った。

住いに松影という号をつけている。その心を詠んでくださいと頼まれたので、

注74　象潟…秋田県にかほ市象潟町。鳥海山の麓に広がる遠浅の入江。海に浮かぶ八十八潟や九十九島の松が美しい名勝で、能因・西行・芭蕉らが訪れ、絶賛した。文化元（一八〇八）年の鳥海山一帯の大地震により、海底が隆起し陸地化して景観は一変した。淙庵の頃は名勝だったのである。

次の歌を詠んだ。

暮れぬまに洩りくるほども軒ちかき松の影そふ月のさやけさ

（暮れ果てぬうちから軒端に射し込んでくる光に、松の影までが月のさやけさを際立たせていることよ。）

六日　今日はねの子餅(注75)の日ということで、知り合いの家から餅が届いた。小豆餅にして食べるのだが、ここではぜんびんといっている。

七日　藩主の家臣だという田氏がご家老の塩谷氏(注76)のお供で難波に旅発つ予定があると知っていたが、今日が出立日と聞いて、お見送りしようと田氏の家に向かった。江戸でも親しく語り合う仲なので、たいそう名残惜しい。漢詩を作って餞別とした。私も旅の空の下にあるのに、このような別れをするのはたいそう心細い気持ちになる。その旅はこの新屋から北陸道(注77)を通って上るということなので、象潟も行手に見えるのだろうと思いを馳せつつ何かと語り合い、別れて夕暮に宿に帰った。

十日　内町の田代氏という人が訪ねて来て語り合った。ついでに扇を取り出して和歌を書いて下さいと熱心に言い、芦辺に舟が浮かんでいる図柄だったので、次のように詠んだ。

綱手《つなで》引く心もみえて河舟のさしてとはるる宿ぞかひある

注75　ねの子餅…亥の子の翌日に食べる餅。また、亥の子餅が翌日まで残ったもの。
　亥の子は十月、藩政時代の秋田の人々の行事。陰暦十月の亥の日について食べる餅。江戸時代の秋田では牡丹餅（ぼたもち）を作って食べた。

注76　塩谷氏…塩谷久綱（元文四＝一七三九〜寛政六＝一七九四）か。久保田藩士。明和五（一七六八）年に角館から召されて家老となる。安永五（一七七六）年、江戸で罪あって家老を免じられ、秋田で蟄居を命じられる。安永八（一七八〇）年、再職。この時は二度目の家老職。

注77　北陸道…五畿七道の一つ。若狭・越前・加賀・能登・越中・越後・佐渡の七か国の総称。秋田から酒田までの道を羽州浜街道といった。

（棹が届かない場合は綱手で引こうとまでして、河舟が訪れて下さる宿は、
　光栄だと思います。）

たいそう賑やかな人で、大げさに賞賛するのには気恥ずかしさを覚えた。

十一日　嘆願書の返答を知りたくて登城した。最近雨続きで道の悪さに難儀する。時々霰《あられ》が交じり、雷さえ鳴り渡るのは珍しいことよと尋ねると、

「これはこの国の習いで冬はいつでもこうなのです。ハタハタ雷というのです。」

という。どういうことかと尋ねると、ハタハタという魚が海から揚がってくる節に、いつもこのように雷が鳴るという。この魚は藩主のご先祖様が昔常陸国を治めていらした時はその国で多く捕れたのだが、この国に移られてからはあちらでは絶えてこの魚がいなくなったという。そしてこの国でたくさん捕れるようになったというのだ。

そういうことでこの国ではめでたいこととして、冬はとくに酒糟や塩漬けにして大樽に蓄えて、年始の祝膳に必ず珍重するのだという。頭を持ってひねると骨が抜けるので、とてもよい食い物だという。形は鮎のようで味が良いという。

たまたま食べた時はそれほど美味いとも思わなかった。

十二日　夕べの雷に合わせたようにハタハタは大漁だった。商店はどこも所狭くなるほど仕入れて商売をしている。

シラウオなども江戸で見慣れたのよりは小ぶりだが、たくさん捕れるので自然と容器いっぱいに盛って、安い値で売り買いするようである。

タラという魚の新鮮なのを見るのははじめてである。

ウニ（注78）などというものは見たことがないものである。ハゼは八郎潟から上がり、江戸で見るキスより特にりっぱである。アマダイというのは大きいものとなると一尺《30センチ》、二尺に及ぶものもある。（注79）鮭は城下の川までも上がってくるので、毎日十匹、二十匹はここでも捕れるということだ。

葱は特に珍しいものである。青い所は二寸《6センチ》ばかりで細長くて、ほとんど白い茎である。

マタタビの蔓で編んだ籠をかつこべといっている。町では魚の容れ物にしている。

様々に見慣れない技術《わざ》が多いのも、当然異なる国柄ということだろう。

十三日　ここの那波氏という商人の兄で祐重（注80）という法師が俗世を離れて岩野に住んでいる。歌を詠む人で、翁が懇意になさいと言ってよこしたので、今日は天気もよいので出かけて行った。

住いの様子は風情があり構えもゆったりとしている。このあたりは海に近いので、どの家も海側に雪囲いというものを構えて、そこに簀子《すのこ》や筵《むしろ》のようなもの

注78　ウニ…原文は「雲腸」と書いているが、その文字にあてはまる言語は不明。「雲丹、雲胆」と書くウニと同じか。（ウニ）の胆（膽）を腸と書いたか。

注79　鮭…秋田の場合、鮭漁の代表的な河川は雄物川と米代川だったが、城下の支流にも上ってきた。鮭漁の技術の発達による乱獲のため、江戸初期以降は急速に漁獲高が減少していった。

注80　祐重…俳人。久保田の商人那波祐忠の嫡子。明和五（一七六九）年、播州徳行寺に行き釈門に入る。のち久保田郊外の川尻の別荘に住む。和歌・俳諧をよくする。七十六歳没。

を掛け、垣根と並んで高く作り足しているのも、珍しく思われる。

　この里は雪気もよほす竹すがき世を経て人や冬ごもるらむ

（この里に雪の気配がしてきた。この季節にはずっと昔から、人々は竹すがきを立てて冬ごもりをしてきたのだろう。）

幸野友常(注81)という翁で同じ歌を詠む仲間がちょうど来ており、歓談して暮れ過ぎてから一緒に帰った。

十四日　今日初めて雪が降った。初雪と呼ぶわけでもない。二、三尺積もったのには驚かされる。

近くの寺で十夜《じゅうや》の法要(注82)が行われている。鐘の音が絶えずしてくる。どこでも仏法の教えは変わらないのだなと有り難く思われた。

　神無月御法《かんなづきみのり》の庭にけふ降るもさらに花かとまがふ初雪

（神無月の法要の場に降ってくる初雪は、さらに荘厳さを加える花かと見まがうよ。）

旅寝を重ねて夜寒もだんだん募ってきたので、仙台で求めた紙子《かみこ》(注83)を夜具にして掛け、紙の蚊帳を釣って寝ると、少し寒さが和らいで夜を過ごすことができた。

十六日　江戸からの手紙を人づてに届けられたので、急いで開いてみた。母からの手紙には、幼い者たちがあなたの不在を悲しみ続けています、と知らせてき

注81　幸野友常…不明。『伊頭園《いずえん》茶話《さわ》』(九)は「友常」として和歌を載せ、身分の欄は空欄である。和歌好きの町人か。

注82　十夜の法要…浄土宗で旧暦十月六日から十五日までの十昼夜続けられる別時念仏。

十月十四日…新暦十一月二十九日

注83　紙子…紙を貼り合わせて着物のように裁って着るもの。片倉家中の下級武士によって家ごとに織りあげられ、藩財政の一助となっていた。

　もと僧侶が着用したが、安価なことから貧しい人などが愛用した。芭蕉も携行したが、涼庵は物珍しさと、もしもの場合を考えて求めたものだろう。

　一七〇〇年代以降、仙台藩は藩

たので、急に恋しくなり、どうしているだろうかと思うと耐え難くて辛くなる。

また、冷泉宗匠家の職員安藤継之どのから手紙が届いた。八月五日に御館の文庫開覧(注84)の院宣がおりたという知らせが書いてあったので、たいそうもったいないことに思われて、歌を詠んだ。

玉手箱ひらく恵みの時をえて道のひかりも世々にくもらず

（玉手箱を開くかのような恵みの御世に出合って、和歌の道は将来にわたってますます光り輝くことでしょう。）

宗匠家は新女院(注85)の使いとして最近江戸に下向されたとのこと、はるかに伝え聞くにつけても本当に故郷にいたのなら、毎日でも御旅館に参上して、御指導を頂くことができるのに、国遠く隔てては甲斐がないことで、

仰ぎこし道のしるべもとひがたみよ所《そ》にへだつる旅のかひなさ

（永く仰ぎみてきた和歌の道の手引きを受けることが出来ません。遠く隔たれた旅の空にあっては。）

などと思いやるばかりである。

十七日　故郷への返事をしたためる。筆が凍って字が書けない。とても寒い。雪が降り始めてからまったく溶けていない。江戸で見る雪とは異なり、小さいぼんぼりのような形で降ってくるのである。何かに触れても溶けることがないの

特用産物を扱う問屋や商人が増え、そこから租税を徴収して藩財政を潤そうとした。天明二（一七八二）年からは紙も「御国産問屋」を指定し仲銭《すあいせん》を徴収して、天明飢饉の窮乏を補おうとした。

注84　文庫開覧…歌の家冷泉家が所蔵する古典籍や古筆切が、それらの収集の流行によって散逸することが多くなった。それを危惧した霊元天皇が御文庫を勅封とした（一説に寛永五年前後）。それから百年間、御文庫が封された。冷泉家一三代当主為綱の時（享保六＝一七二一年）御文庫の勅封が解除された。冷泉家ではまたいつ封されることを危惧して、俊成、定家の歌論や作品はじめ古典籍の書写を始めた。淙庵の文章から分かることとして、解封されても閲覧には院宣が必要だったらしい。この時の冷泉家当主は一六代為泰。

注85　新女院…後桃園天皇が安永八（一七七九）年十月九日に崩御して、女御藤原維子が新女院（盛化門院）となった。

で、土地の人は雪の降る中出歩く時も雪よけはしない。

今日どうしても避けられない用があり夕方外出したのだが、雪の色がキラキラと目に沁みてものを正面から見られない。土地の人も雪で目を病むので編み笠の端を折ったようなものを被って歩いている。

雪が冴え凍り、その光がまばゆく見えるのはたいそう恐ろしいほどである。

十八日　願い事がいまだ果たされないので、またお城に登って願書を差し出して嘆願する。

母は七十歳を越えており、朝夕に私の帰りを祈っております。私も病気がちですので、雪が深くならないうちに仕事を終えて帰らせて頂きたいのです、など様々に心配事を申しあげると、役人ももっともな事と聞いて、

「必ず近日中に解決するだろう、もう少し待たれよ。」

などと慰めてくれる。

今日も雪、霰が隙間なく降り競って、つくづくと故郷が恋しく思いやられる。幼い者たちはどうしているかなどと次々と思い出しては、心を落ち着けることもできず、悲しさが募る。

故郷にさこそ阿古屋が松ほどもすぐる月日やつれなしとみむ
（故郷ではさぞ阿古屋の松が出羽国に属してからの年月ほどに思って、わた

しの無沙汰を薄情だと思っていることだろう。）

とつぶやいてみても、たいそう甲斐のないことであるよ。

二十三日　嘆願書の返答を知りたく、役所に翁を使いとして窮状を述べに行かせた。

私は十五日頃から手に腫れ物がひとつふたつ出てきたが、これは寒湿(注86)によってできるもので、ここの人はみんな思うのだが、たちのよくないものだと言っている。最近は非常に多く出てきて腫れて痛み、我慢できない。夜も少しも眠ることができない。痛みは骨まで通り苦しさはますますひどくなって、煩わしく辛いことといったら言う言葉もない。

いろいろに病態が変わるのは過去の行いの報いかと思われて、たいそう悲しくもまた、辛いことである。乞食など寄る辺ない者たちがこのような病気になったなら、どんなにか辛く悲しいことだろうかと思うと、少しはわが身の上が慰められる。

手はあるのに筆をとることができない。まして食事は人に食べさせてもらうので、食べた心地がしない。ただ江戸から連れて来た使用人ひとりを力にして日々を送っている。

宿の主人も付き添って世話をしてくれるので、旅の宿ではあるが不自由はしな

注86　寒湿…気候、空気などの寒さと湿り気。それによる淙庵の症状はしもやけか。

い。絶え間なく訪ねてくる人が多いので自然と辛さも紛れるのだが、帰ってしまうと不快さが戻ってくるのは、苦しさがひどい時のようだ。

二十四日　今夜滑川氏（注87）に仕える人の所で漢詩を作る集まりに参加する約束をしていたのだが、立ち居が不自由な上、雪さえ降ってきて道も遠いので、悩んだあげく放って置いた。

二十六日　ここの和歌を詠む人々が祐重法師の所で当座（注88）の歌会を催すので、私にも是非参加するようにこの間から再三言われていたのだが、このように病で歩くこともできないので残念ですがと言いやったところ、それではそちらの近い所で催しましょう。身支度も調えずそのままでと強引に言ってくる。菊の町（注89）という所に法師の親族の家があるので、そこを借りて開催しますからと折り返し言ってくるので断りかね、雪を踏み分け杖に縋《すが》って夜になってからそこへ出かけた。

人々は待ちかねていて喜んで迎えてくれた。何でも心隔てずに話ができるのは、和歌詠む人たちの間柄だからであろう。当座の題で「夜雪」を選んで詠んだ。

降りそはば問いもやすると更くるまでわれも友待つ雪の夜の空

河野良以（注90）

（降りしきるので訪ねて下さるだろうかと夜が更けるまで、わたしも雪夜の空を見上げて友を待っておりました。）

注87　滑川氏…滑川家は代々久保田藩士。水戸から佐竹氏と入国した。ここの滑川氏は滑川北溟（宝暦五＝一七五五～天明七＝一七八七）か。徂徠学入江南溟門の逸材で、佐竹義敦に気に入られ、十一歳で元服を命じられた。成人して町奉行、本方奉行（のち勘定奉行）となった。天明元年は二十七歳。

注88　当座…和歌の題詠法の一種で、即席に題を示し歌を求めること。即題とも。

注89　菊の町…茶町菊ノ丁。もと湊大町で、有力商人が多く、大町と同じように家督商品（専売権を持つ商品）の特権を与えられ、脇町と区別された。同時に公用の使者などの宿泊や接待、伝馬や従夫の提供を負担させられた。

注90　河野良以…不明。『伊頭園茶話』㈥に、茂木知教・真宮某等と共に和歌を載せ、身分の欄に

小夜ふかく積もる光に明けやらぬひまさへしらむ閨のしら雪

茂木知教(注91)

(夜から深く積もった雪の光が、まだ夜深い寝屋の隙間から明るく射し込んでくるよ。)

よもすがら誰ふみ見よとふりはへてあつめぬ窓につもるしら雪

幸野友常

(一晩中一体だれに踏めとばかりに降りつのるのだろうか。望んでもいないのに窓に積もる白雪よ。)

長き夜を明けぬと告ぐる鳥のねもいさしらゆきの積もる山の端

(長い夜が明けたと鳥が告げたか否か聞こえないが、山の端に白雪が積もっているのが見えるよ。)

山の端の月は影見ぬ空ながら夜深く積もる雪のくまなさ

津村正恭

(山の端にかかる月の光は見えない空ではあるが、地上には隈なく白雪が積もっているよ。)

ここ出羽国に旅寝している間、お役人をはじめとして町中の人、郊外に住む人など懇意になった人々は数知れない。しかし、彼らは皆漢詩に心を寄せていたが、

「町人ナリ」とある。秋田県立公文書館東山文庫に「良以亭当座振題」という自筆の歌稿が残っている。

注91　茂木知教…久保田藩士で三代続く冷泉流の歌人。知教は大納言冷泉為泰の門に入り、九代藩主義和《よしまさ》に和歌の手ほどきをした。

今日のこの集まりはたいそう興味深いことである。再びこのような集いを計画しようにも、いつと年月を決められましょうかと、互いに難しさを嘆き続けて名残が尽きなかった。

夜更けまで居て、帰ろうとする時に人々に歌を残した。

ふりはへて帰る山路の旅寝にも今宵の雪や思ひ出まし

（降りしきる雪の中を帰っていく旅中の仮寝にも、今夜のこの雪が思い出されることでしょう。）

二十七日　願い書の結果を聞きたいのだが部屋に閉じこもっているので、翁だけをお城に参上させたが、日が高くなってから翁が戻ってきて、願い通りに了承され、商品の値などもそのまま頂けるということで、たいそう有り難く、来た甲斐があったと思った。それでは近日中に良い日を選んで出立しようという話になり、急なことではあるが嬉しさがこみあげてきた。使用人や宿の主人を呼んで、こういう事になったと告げると、皆喜んだ。

出立は晦日か一日に決めようと内心で思い巡らしているが、長引いていた事が突然に決まったので何かと慌ただしく落ち着かない。このような状況につけても、病の身では思うように動けず、嘆かわしい。

二十八日　翁が朝早く持参した商品の代金を頂いた証文を書き、またこのご処置についてどのような扱いをしたらよいかなど、私も起きて相談した。

大変苦しい。

翁はお城の役所へ参上するため、急いで帰った。

二十九日　私は病み臥しているので、近いうちに帰途の旅に着くことを内町の役人をはじめ知り合いの人々のもとに、翁を使いとして知らせにやった。使用人にも親しく交わった人々へ知らせに走らせた。すべての掛け買いの精算や旅の装備を準備するのも、人に任せて寝ているので歯がゆいことである。

また訪ねてくる人々が部屋に入ってきて、間もなく別れてしまうことを名残惜しむので、私の心も揺れる。

夕暮、幸野友常のもとから餞別の歌が届けられた。

名にふりし跡を求《と》めてや旅人の雪にこゆらん白川の関

(古来有名な歌枕を探して、旅人は雪の中を越えて行くのだろうか、白川の関跡を。)

字を書くことができないので、返歌を口述し届けさせた。

別れてはあひ見んことも白川の関路へだつるたよりすぐすな

(別れてしまえば逢えるかどうか分かりません。関がふたりを隔てても便りは欠かさないでください。)

十一月一日　かねての計画ではこの日あたりに出立しようと目論んでいたが、新造(注92)された藩庁舎の引っ越しがあり、役人たちは今日、明日は特に忙しく、道中の経費、旅籠の馬の手配、藩の関係者としての証書を頂くのに支障をきたし、心ならずも手をこまねいている。雪が日増しに降り積もっていくのを見るにつけ、道中はどうだろうかと不安がつのる。

三日　早朝、翁を呼びにやって話し合う。今日旅籠の証書を頂いたら明日か明後日のうちに必ず出立しよう。このように病気が長引いているので、一日も早く故郷に帰って医師の治療を受けたいと言うと、翁は

「もっともなことですが、ここ数日願い書のことにかかりっきりでまだ自分の旅支度が何もできておりません。今日、明日で準備しますから明後日に、もし日が悪ければ六日には必ず、出立しましょう。それならその予定で。」

と約束して、翁はお城へ参上した。

今日も一日中人々が訪ねて来て別れを惜しみ合った。漢詩の友は皆送別の情を句にし、贈られた詩句には優れた言葉もあり心ひかれたが、わたしは筆を握ることができないので合せる詩も作らずじまいだった。

五日　今日も一日中、雪が降っている。

藩の証明書も頂いた。旅の準備もすべて整ったので、明日出発しようと急いだ。

十一月一日…新暦十二月十五日

注92　新造…安永七（一七七八）年閏七月十日、久保田城藩主寝間付近から出火し本丸御殿、阿弥陀堂はじめ大部分が焼失（国典類抄19）。この火事による被災箇所の新築がなったのか。城は五月初旬に落成。

翁も忙しくて子を使いとして、何かと言ってよこした。宿の主人や妻子なども長く逗留したので名残を惜しみ、心の籠もった世話をしてくれる。方々から使いが来て、餞別として土地の物を土産にと届けてくれる。私も気持ちを奮い立たせて時々起き上がり、旅の装備を追加する。たいそう慌ただしい。夜もほとんど眠れずに明かしてしまった。

六日　今日も雪は止まないが、そうばかりはしていられないと出立する。旅籠の馬を三頭借り、私はあおだに火桶を入れて、乗って出発した。午前十《巳》時頃に翁も旅支度をして現われた。今回は翁の末の息子に、江戸の様子を見せたいと願い出ていたので、一緒に旅立った。立場の上下六人で十人衆町を出て、牛島方面を目指した。

　雪は止むことなく降り続いて、道はおぼつかない。

　　故郷にかへさならずば旅衣ふりはへいづる雪やうからむ

（故郷へ帰る旅でないのなら、旅衣にことさらのように降りかかる雪はどんなに辛いことだろう。）

などと病の身を忘れるほど嬉しい気持で詠んだ。

　やはり土地の名残も尽きず、あおだの簾をかき上げて見ながら行く。時々吹雪が吹き荒れあおだの中まで吹き込んでくるので、火桶を抱えながらうめいている。

宿の主人や誰かれが牛島まで見送りに来ていた。ここで酒を飲み心温まることを言って、いよいよ別れの時がきた。

御所野台という坂を越えてようやく戸島の宿場に着いた。吹雪で難儀するので、ここに泊まった方がいいのだが、ここは最近の火事で焼け新しい家もまだ建っていないので、和田の宿までと無理して急ぐことにした。

わずか二十町《2キロ》に満たない距離なのだが、歩いて渡る川が多く、夕暮になってようやく着いた。家が少ない宿場で、接待もひどく粗末だった。

七日　夜明けはとても寒い。しぶしぶ起き出してみると、一晩中降り続いた雪は三尺《90センチ》ほど積もった。あいにくな天気だとつぶやいて、皆食事をして、急いで出立した。

雪はたいそう深くて、あおだの底がつっかえて進まない。道骨が見えないと困っている。

雪が深く積った上を歩いて踏みつけられた跡が、自然と一本の道になり凍って堅くなったものを道骨というのである。

こんな具合で石川という村に着いたのだが、ここで全然進めなくなった。これではソリに乗せるしかないだろうと、徒歩の者が言う。そうならば早く進めるものは何でも使おうと言うと、

「見ていて下さい。帆かけ舟に負けないくらいです。」

と言って探してきて目の前に置いた。

大変珍しく見慣れない気がしてそっと乗ってみる。それは長い引き出しを作る板で箱のように作り、人が座れるように床板が張ってあり、小さな車を付けそこに綱二本掛け、二人で引いて三人が後ろから押しながら行くのである。ひどく凍った雪の上を疾走するので、速いことといったら類ない。床の下では雷のように鳴り響いて耐え難い思いである。

帰るさをいそぐ心の一筋にそりの早緒のたゆみあらすな
（帰途を急ぐ一心なのだから、そりの引き綱に弛みがあってはならない。）

と引き手を励ました。

道骨からはずれた時は柔らかい雪の上に傾いたまま引っ張られて走り、道骨に戻らずソリを立て直しながら行くのである。何度もこのような危ない思いをした。

山道になって雪はいよいよ深くなった。

船が沢というあたりで行きに蕨餅を食べた宿も、雪に埋もれて音もしない。炭を焼いていた小屋も雪の底に埋もれて、どこにあるのか分からない。

昼頃、境の宿場に着いた。またそこからソリに乗って出立した。

白瀬権現のあたりの山路を越えていく時、鳥居だけが雪に隠れずに立っていた。

雪が激しくなる気配なので、日が高いうちに刈和野に泊まった。

八日　朝、雪は小やみになっていたが、道は見分け難い。神宮寺のあたりは河原を歩く時は人が踏んだ跡を目印として進むのだが、足をとられてたいそう歩きにくい。昼からまた雪が空を暗くして降ってきた。

金沢のあたりでは家毎に棟に上って、雪を払い落としている。そうしないと雪に押されて家が潰れてしまうのだと聞くにつけても、たいそう恐ろしい気がした。今日も日が高いうちに横手に到着したが、次の宿場まで五里《20キロ》はあるというので、ここに泊まった。

九日　湯沢まで行こうと決めた。この間の道は平坦だが大分遠い。北に向けて開けているので、海から風が運んでくる雪が吹きだまり、歩く人が難儀する所である。

岩崎の渡し場に着いた。船頭を呼んだが姿が見えない。われわれは岸辺に長いこと立ち尽くして、凍えてしまうと腹を立てた。長い間待って、ようやく出てきて棹をさす。岸に寄せるやいなや急いで村長の家に入って、皆囲炉裏を囲んで暖まった。ここからも行く先はなお雪が深いというので、雪踏み人を出させてその跡について行く。

これは雪の深い時に、その土地に慣れた人を立てて、その人の踏んだ跡を探して歩くのを雪踏みというのである。

鳴沢《なりさわ》、杉沢などという村をとっくに過ぎて、ようやく湯沢に着いた。院内まではまだ三里《12キロ》あるので行き着けないと、ここに泊まった。

明日も及位《のぞき》の宿場までは行き着けないだろう。院内に泊まればここから近い。ゆっくり出発できるな、など語りながら寝た。

十日　朝、ぐっすり眠って起きた。馬追いが早く来ていて待ち侘びたとつぶやいた。

急いで身支度をして出ると、雪はこぼすように降っていて方向も分からない。

須川という村であおだを下ろして休んでいると、久保田の小貫《おぬき》氏というお役人が私より一日後に出発したのだが、追いついて来て、どうしましたかなどと聞かれたので、偶然な出会いに驚き、病人なのであおだに乗ったままで失礼しますと言って、あおだを並べて語り合った。

「このような旅で出会うのも珍しいことです。一緒に旅を続けましょう。先の宿で待ち合わせましょう。」

と手短かに話して別れた。

小野村などという所も雪の中を進んだので、どことも知れずに通り過ぎた。午後二時頃《未》に院内の宿場に着いたのだが、峠に逡巡してここに泊まることにした。

十一月十日…新暦十二月二十四日

小貫氏も向かいの宿に泊まったので、翁を見舞いにやった。

宿の主人を呼んで、明日は歩いて越える箇所が多いが、このように病気の身ではそれもできない。あおだのままで及位の宿場まで行きたいので、頑健で若い者を選んでよこしてくれと言ったところ、意を汲んで、丈夫な担ぎ手を用意しましょうと請け合ってくれたので、心強く思った。この宿は、目立たないように雪囲いが回されているのも心丈夫に思えて、奥まった部屋に臥した。

十一日　院内峠を越える日である。山道で春までは馬も通わないというので、荷物のつづらを解き、歩きの者に背負わせてこの峠を越えるのである。その仕度としてがまはばきや雪沓などというものを着けて出発した。まず番所に入って藩の認めの証書を見せると、敬って通してくれた。

山道の雪はたいそう深いのだが、担ぎ手はあおだを高く捧げて行くので危険な思いもしない。雪はあちらこちらに吹き飛んで、岩にも付き木々の梢は花のように見える。谷川の音は雪の底で響いており、峰から山裾までただ一枚の道に見える。

山間は風が激しく、吹きまくっている時は分け行く人に吹きつけるので、歩くのが難しくて辛そうである。

岨《そば》づたひ先立ちてゆく歩人のふぶきにくもる末の山道

（山の岨を先に立って行く人は吹雪にまかれ、行く手の道も見えないことだよ。）

やっとのことで峠にたどり着き、皆、疲れ切ったので休んだ。

ここからは下り道である。道はまだはるかに遠い。

七色木の所に着く頃、山の雲が切れて太陽がはっきり見え、雪はすっかり止んだ。

久保田を出立してからずうっと暗い雪の中を歩いて来て、今日はじめて青い空を見るので、珍しく気持ちも晴れる思いである。

峯ひとつ空にへだてて今朝までは分けこし雪もはるる日の影

（峯ひとつ空を隔てると今朝まで漕ぐようにして通った道のこちら側は、雪晴れで日の光がまぶしいよ。）

夕日が沈む頃、及位の宿場に着いたので宿をとった。小貫氏の消息を尋ねたところ、とっくに峠を越えて今夜は金山《かねやま》にお泊まりとか聞いておりますと言うので、今朝は大分遅れてしまったなと、寝過ごしたことを笑い合った。

十二日　今朝、空はよく晴れている。この宿場を出てさうね坂越えにかかった。太陽は雪に反射して、白銀の山のようにまぶしく見える。

下中田、上中田などという村を過ぎる時、秋に通った家々は皆雪囲いをして冬ごもりをしている様子は侘びしげである。

翁は昨日の山道で足を痛めて歩けないので、日が高いうちに金山に泊まった。

十三日　今日は翁もあおだに乗せようと決めていたのだが、この道には突然言ってもそのようなものはないので、ソリに乗せることにした。

しばらくして、ようやく持ってきた。

天気は晴れているのに時々雪が降ってくる。風が吹き巻く時、山の雪を誘ってくるのだという。雪はなお深いので道を行くのに難儀する。

私もソリに乗って行くのだが、わずか三里《12キロ》ほどの道なのに、夕暮になって新庄の宿場に着いた。本陣宿に泊まる。

十四日　早朝にこの宿場を出立する。

左右の住居は雪をかきだして町の中に山のように積んであり、その陰を行くのである。

舟形《ふながた》の宿場に着いた。ここから猿羽根《さばね》峠にかかる。最上川を麓に見ながら越えて行く景色は、どことも似てはいない。

ソリが通った道だけが山路はるかに見渡される。

　野も山もただ白妙の雪の中にひとすぢ残るそりのかよひぢ
（野も山も一面の雪の中に、一筋のソリの跡だけが残っている。）

名木沢の宿場を過ぎて野道に差しかかった頃、雪がとても深くなって歩くのに難儀する。ここは湯殿山が近くそこの雪を風が吹き下ろすので、いつも深くなるのだという。

丹生川《にうがわ》という渡し場を越える頃、すっかり暮れてしまった。おぼろげ村とかいう所を過ぎて、月が出る頃に尾花沢の宿場に着いて、宿を探して泊まった。

十五日　この宿場を離れると、ようやく雪が稀になった。空もよく晴れて暖かいので、人々は勇んで道を急ぐ。

楯岡、六田《ろくた》などという宿場を過ぎて、天童までの間、乱川《みだれがわ》という同じ川瀬を何度も渡って行く。寒い時期なのにあおだの者たちは素足で渡るので、たいそう辛そうである。

今夜は天童で秋に利用した宿を訪ねて泊まった。

十六日　馬が遅く出てくるというので、朝が明けてから出発した。

町の中ほどに山寺へ行く道がある。秋にはここから行ったのだと思うと、今は夢の中にいるような気がする。

宿場を出ると、田が広がって東の方角に山が連なって見える。仙台の方面の山だろうと、眺めながら行く。ここから桑折まではまだ通らなかったので道中も珍しい。歩いて渡る川がたくさんある。

昼頃山形の宿場に着いた。この宿場は一里あまりあって、あおだで通るのにはたいそう長い町である。商売の品物は豊かである。家々も特に賑やかに続いていて、奥地の旅ではこのような城下はめったになかった。太陽はますます輝いて野山を通る時の眺めもなかなかおもしろい。

大きな川の橋を越え、松原の宿場に着いた。

この宿のはずれに坂がある。短い坂だがつづら折りになっており険しく見える。ここからまた山道になる。冬枯れの木立が山畑に続いて、谷ふところに抱かれた家などが、あちらこちらに見渡される。絵に描きたいと思う場所が多い。

上山《かみのやま》(注93)に着いた。温泉が湧く宿場なのでここに泊まることにした。翁が秋に泊まった宿が温泉があってよい所だというので、そこに決めた。翁も供の者たちも温泉につかって旅の疲れが取れたと喜んでいる。私も入浴を試みたが、病気が少し薄らぐような気がして快適である。

夜の膳もたいそう美しく整えて出してくれた。温泉客のもてなしに慣れているので、心配りが行き届いている。大通りにも温泉の湧いている所がある。馬などを湯につからせる温泉もあって、仮小屋を広く作ってあり、道行く人もしばし湯につかっては通り過ぎる。一晩中、湯につかろうとやってきて、その話し声や唄う声が絶えない。うるさくてゆっくり眠ることができずに夜を明かしてしまった。

注93　上山…古くは神山と書かれ、山形に対して上の山形といわれた。延文年間（一三五六～六一）に最上満長が上山氏を称した。その後、上山義忠が月岡に城を築き、前川を治水して城下町を作った。江戸時代には上山藩二万五百石～四万石だった。元禄五（一六九二）年に幕府領になったため、城は破却解体された。温泉は長禄二（一四五八）年に肥前国の月秀和尚が巡錫中に発見した。この湯は鶴脛の湯と呼ばれ、上山温泉の誕生となった。江戸時代には湯野浜（鶴

十七日　朝にまた温泉につかってからこの宿場を出立した。

関根という村は上、中、下とある。どれも山際に住いを作り、薪や果物のようなものを商売している。山中の習俗はずいぶん変わっているように見える。茂っている木立の間を進んで行く。山はだんだん深くなっていく。

楢下《ならげ》（注94）の宿場に着いた。

この峠はまた険しい坂である。一日二日雪を踏まないで来たが、山路になったので雪は残っている。一里以上続く坂で、江戸へ向かうのには特に険しい道ということだ。少し登っただけで人の姿が見えなくなり、そぞろ寂しい山中であるのに雪までちらついて、空の様子はたいそう難しくなってきた。小笹や岩角を踏みつけながら登るのである。

あおだ担ぐ者は特に疲れた。峠を登りきった所に、ただ二軒の家がある。皆、酒を飲んで休んだ。軒のつららは水晶の柱のように見える。この峯は出羽と陸奥との境なので、そこには不動尊の御堂が立っている。峯を越えると雪も止み、太陽さえ顔を出して、切れていく雲が足下を過ぎていく。

下りの道は長くなだらかだが、足がかりがなくてかえって危ない。

湯の原の宿に着いた。ここもまた山中の宿場で、雪囲いを軒端の高さに回して大通りに集めた雪が山になっているのも、たいそう興ざめな冬の景色である。

岡市）・東山（会津若松市）とともに奥羽三楽郷と呼ばれ、大いに賑わった。

注94　楢下の宿場…出羽以北の十三大名が参勤交代時に利用した。本陣をはじめ脇本陣、旅籠などが軒を並べていた。険しい金山峠をひかえ、大名の通行にかり出された人馬の数は知れず、宿駅では近在の村、助郷《すけごう》の協力なくしては大名や役人の通行の便をはかることができなかった。

この道はどこも谷を埋め、岡を削り開墾し田に変えなかった所はない。

かぶら菜を編みつないで木のてっぺんに干している所が多い。山中の家はどこも同じである。人に尋ねると、霜や雪で匂いがなくなるので麦や稗《ひえ》の飯に混ぜて食うためにするという。人の住いの近くならともかく、思いがけない山林などに干し掛けてあるのを見ると、奇妙でどうしても目がいってしまう。

今日は峠田に泊まる。山中の宿の主人はお出しするものがなくて、と言いつつ雉とネギなどを汁物にして出した。

十八日　山道が長く続くというので暗いうちに出立した。

有明の月がまだ残っているが、月も里で見るのとは趣が異なっている。谷川の音が行く手から聞こえてきて、あおだの中はたいそう寒い。

夜が明けて太陽がさわやかに射してきた。雪はすっかり消えて、霜が一面に白く置いているのが雪と見まがうほどである。

関宿、渡瀬宿などという山中の宿場を過ぎて、賽の河原という所に出た。谷川が流れていて、河原の小石がたくさん積み重ねてある中を行くのである。

このあたりは山の姿も際だって奇妙で、石山で土もないのに松まで生えているのである。植木屋が盆に水をたたえて菊銘石《きくめいせき》(注95)というものを細工しているが、まるでそのようである。

十一月十八日…新暦一月一日（一七八二年）

注95　菊銘石…キクメイシ科の腔腸動物でサンゴの一種として扱われる。昔は石の一種とされた。表面が小さい菊の紋を彫ったようになっているので、この名がある。盆石に用いられ、また食傷解毒の薬とされた。

材木岩（注96）という所に来た。谷を隔てた向かい側の山の中腹に、縦に長く何本も並んで立っている様子が、材木に見える。たいそう珍しい岩のたたずまいである。

ここに至る道は山に沿い、片側は谷川が深く見下ろされて、危ない道であった。牛を多く飼い慣らす所で何頭となく引いてくるのだが、それを道に片寄せて、その間をあおだを担いで通るのだ。狭い道なのでたいそう危険である。

ここにも不動尊の御堂が立っている。昔はこの下から谷に沿って材木岩の麓を往来していたが、享保の頃（注97）、山が崩れて今の道になったという。

夕暮近く上戸沢《かみとざわ》に宿を取った。山間の宿場なので、谷川が近くに響き渡って騒がしい。

十九日　宿場を出ると小坂である。有明の月を見ながら越えて行く。

ここも楢下と似たような坂である。夜が明ける頃、峠に着いた。

同じような不動堂がある。皆、台所に入り囲炉裏に枯れ枝などをくべて、暖まっている。

私はあおだの中で少しうとうとしていたが、「あれをごらんください。江戸の空もここから見えますよ。」という声に目を覚まし、あおだから頭を差し出せば朝日が東の山から赤く昇ってきて、限りなく遠方まで見渡すことができる。

麓の川が帯のように流れて、山林などには「なづなのごとく（注98）」と詠まれたよう

注96　材木岩…白石河左岸に高さ百メートルに及ぶ石英安山岩の柱状節理が四百メートルにわたって断崖になっている。

注97　享保の頃山崩れ…享保十三（一七二八）年九月、大地震で材木岩付近で巨岩、大石が崩落して街道を塞いでしまった。そのため羽州街道は新道を開発することになった。涼庵は新道を越えている（あおだに乗って）。

注98　なづなのごとく…なづなはペンペン草のこと。ここは次の和歌を踏まえていようか。

　山高み麓の里を見渡せば
　四方《よも》の梢はなづななりけり
　　（正治初度百首・範光）

に所々に雪が残っている。

　南に見えるのは半田の銀山（注99）と教えられた。本当に金掘小屋の様子も数えられるほど、はっきりと見える。お代官が治めていた山だったが、最近、仙台の伊達殿に任せたという。

　これを見ながら坂を下りおえると、小坂の宿である。道はたいそう広く思われ、今までの道と比べられない。

　道の前方に、仙台へ通じる追分がある。秋にはここから松島へ行ったのだったと感傷にふけるが、あおだ担ぎは知らないのでさっさと通り過ぎる。思いつくまま漢詩ひとつ口ずさんだが、言いかける馬継ぎ宿のあるじもいないので、甲斐のないことであった。

　このあたりで桑を植えていない山畑はない。秋には気づかないで通り過ぎたが、冬枯れになると変わった木なので、すぐ目に付くのだ。

　桑折の宿場に着いて秋に宿った家に行き、仙台に連れていったあおだの者を尋ねたが、今日は行き違いになっておりませんという。帰る時は必ず訪ねるからと約束したのにと思うにつけて、残念で仕方がない。

　瀬の上の宿場近くになった道で思いがけず、このあおだの男一人と出会った。使用人がいち早く見つけてどうしたのかと尋ねると、この男も、雇い主がお帰り

注99　半田銀山…石見銀山（島根）、生野銀山（兵庫）と並ぶ日本三大銀山である。半田銀山は大同年間（八〇六～一〇）に発見されたといわれ、わが国最古の鉱山の一つである。慶長年間（一五九六～一六一五）、上杉景勝が信達地方を領したとき開発が行われ、かなりの盛況を呈した。延享四（一七四七）年幕府は桑折藩二万石のうち、半田銀山及び近村一万二千余石を接収して直轄領とし、佐渡奉行の管理下に置いた。

になったところですと、膝をついて話しする。

「今日は歩きに指名されて福島まで行って、たった今戻ったばかりです。」

という。

「帰途にも同行してもらうと約束したので桑折で尋ねたが不在でがっかりした。ここで逢うとは嬉しいことだ。誰彼はどうしているか。」

など尋ねると、

「皆変わりないです、お帰りはいつだろうかと、時々話しておりました。」

など、いつまでも話し続けた。それでは今夜泊まる宿に来ておくれと言って別れた。

翁が先に行き秋に昼飯を取った宿に、事情を話しておいたらどうだろうと言うと、

「それはよい考えです。それでは日が高いですが、今日は福島に泊まって彼らが来るのを待ちましょう。」

と言って、翁は宿を取るため馬に乗って先に出かけた。文字摺り石のあるあたりを通って、午後二《末》時頃福島に着いた。

絹を売る商人などが入ってきて見せるので、くつろぐ暇もない。

翁はこの頃風病《ふうびょう》（注100）にかかっていたが、そこに風邪まで併発して、今夜は具合が

注100　風病…古く、風の毒に冒されて起こるとされた病気。頭痛、発音障害、四肢の疼痛あるいは異常感覚、四肢の運動障害などの症状を伴うものの総称。ふびょうとも。

悪いと言って寝てしまった。たいそう熱があり苦しそうなので、私も付き添って荷物から薬を取出して介抱する。

鍼灸師が商売するところなので頼むと、盲目で六十歳ぐらいの女を連れて来た。つぼをよく心得て鍼を刺し、さすりなどすると翁は少しまどろんだ。汗を多くかいて目覚めた時は効き目が現われていた。

夜中を過ぎたので私も寝ようとした時、門を叩いて桑折のあおだの者たちが入って来た。側に呼んで何やかや話し込んでいるうちにたいそう更けてきたので、皆、中に入れて寝た。

二十日　夜明け前に鍼灸師の女がやって来て鍼を刺すと、翁はすっかり元気になった。夜明け前の暗い空の下でどうなることかと思い悩んでいたが、嬉しさはこの上ない。

夜が明けてからあおだに乗って出立する。翁にもあおだを求めて乗せて立った。今日は桑折の男たちで気心が知れているので、行きながら松島はとても景色がよかったこと、二口《ふたくち》では辛い目に遭ったことなどを話し続けた。

次にあおだの者は、夕べならず者にからまれてすっかり遅くなりました、という。それはどういうことか、と尋ねると、

「われら二人がこのように江戸まで公の仕事を賜ったことを聞きつけて、この

ならず者が強引に自分をも数に加えて一緒に連れていけと懇願するのですが、腹黒い上にご主人様が見知らぬ者を勝手に同道しては如何なものかと、押し問答しているうちに夜が更けてしまいました。今朝もまた追いかけてきて頼み込むのです。」

など語るので、もっともなことです。心知れない者は私も煩わしいから、と答えて道を進めた。

八丁の目、二本松などの宿場はとっくに過ぎて、夕暮、本宮《もとみや》に泊まる。翁のあおだが遅れているのを待つために、門にあかりを灯して目をこらしている。暗くなるにつれ急に空がかき曇り、綿を散らすように雪が降ってきた。こういう状態で翁はどうしているかと案じていると、ひょっこり翁が入って来たので嬉しくて、囲炉裏を囲んで語り合った。

それにしてももう少し遅れたらと、

遅れなばつもらん道をいそぎ来て宿かる夜半の雪になる空

（遅れたら積もってしまうと急いで来ましたが、宿に着いた時分には雪空になりましたよ。）

と歌いかけると、翁も、

遅れても雪はつもらぬ道を来て宿にもろとも語るうれしさ

（遅れてしまいましたが、まだ積もらないうちに宿に着いて、こうして一緒に語り合えるのは嬉しいことです。）

急いで食事をし湯につかって寝た。

ここは遊女のいる宿場なので、使用人たちは避けて通れないと言って、女を呼んで寝たようだ。翁も私も病人なので、それにかこつけて人の来ない奥の部屋に臥した。

二十一日　雪はまだ止まない。安達川を渡り浅香山に向かう。秋に見た松には雪が厚く積もっており、山道は簡単には通れない気がして、

名にふりしところもさらに浅香山浅くは見えず積る白雪

（古来有名な所も一向に見えない。浅香山にも浅くは見えない雪が積もっている。）

今日も一日中雪を踏み分けながら、郡山、笹川などという宿場を過ぎて、須賀《すか》川《がわ》に泊まった。食事をし休んでいると、あおだの男が寄ってきて、

「今夜もまたあのならず者がやって来て頼み込むのですが、どうしたらよいでしょうか。」

と言う。

「随分聞き分けのないことです。ともかく心知れない者はどうして雇えようか。」

と言うと、あおだの男はうなだれて離れて行った。

二十二日　今朝は朝日がほのかに射しているので、天気が良くなるように見える。

翁は今日は馬で出発した。だんだん雪が深くなる。江戸もこんな具合なのだろうか。どこまで雪が降っているのだろうかなどと語り合う。

笠石あたりを過ぎる頃、また空が暗くなって雪がちらついてきた。あおだを止めて皆雨具を着ける。思いもよらないことである。

こうして昼過ぎに白川に着いた。宿場の入り口に押しの強そうな男が三人いて、この桑折の男を呼びつけて、あおだの後ろに付いて追ってくる。

休息している間にどうしたことか、この者たちは桑折の男を取り囲んで、理不尽な悪口雑言を浴びせながら、長い間騒がしく罵り、はては叩きのめしている。だんだん人が集まってきたので止めて、酒など買って飲み交わし、事は収まったので出発した。

この事にかかわって随分遅くなってしまった。

翁は先に白坂《しらさか》の宿場へ行って宿の手配をしていたのに、暮れ切ってから着き翁の宿を尋ねた。

あおだの男はひざまずいて、

「あのならず者はどこまでも追いかけて来て、今日はあのような言い掛かりをつけてきて争いになりました。ご主人様に危害が及ばないようにと金を渡してここまでお供してきました。しかし、これからもこういう事があっては、江戸までのお供はかないません。ここから先はお暇をいただきたい。」と願い出た。翁もがっかりして、そんなことがあってはならないと言う。しかし、そういう事情では無理に連れていくのも詮のないことである。男の言うままに許そうと、ついにここから帰すことにした。

男も涙を落とし別れ難そうにしているのが、可哀相であり心ある人間に見える。穏やかで口数少ない者たちなので、待ちわびていて、ここまで供をしてくれたのだろう。そういう性格を知っているから、あのならず者らは言い掛かりをつけ高飛車に出るのだろうと思われた。

白川で腰折れ歌を思いついたのだったが、つまらない争いに巻き込まれて、そのままになっていた。今、ようやく落ち着いたので硯を出して、翁に書いてもらった。

秋風に越えし旅路も立ちかへり雪にぞなる（る）(注101) 白川の関

（秋風吹く中で越えた白川の関だったが、帰りの道中はすっかり雪に慣れてしまったよ。）

注101 この歌は一字不足。「雪にぞなる（る）白川の関」で繰返しの（ゝ）が抜けたのではないか。

二十三日　今朝は別の歩行人《かちびと》を雇って、あおだを担がせて出立した。境の明神のお前を過ぎて山中《やまなか》の宿にさしかかる頃雪は浅くなったが、まだ雪がちらついているので、

山高み日は照りながら降る雪は雲のいづこの風にちるらむ

（山が高いので日は照るのに降ってくる雪は、一体雲のどこから風が吹いて散らすのだろうか。）

と不思議に思われた。

芦野、越堀の宿は山路だが雪はない。道もはかどって今日はずいぶん遠くまで来た。馬も滞りなく来て大田原の宿場（注102）に泊まった。

二十四日　ここ二、三日、日和続きで旅の空はたいそう美しい。まして、帰り道なので一日も早く着きたいと気が急き、今朝も明けないうちから出立した。

佐久山の宿場に着く頃ようやく夜が明けて、朝日が一点の曇りもなく射してきた。あおだを担ぐ者を求めたがなかなか出てこない。最近、皆風邪にかかって寝込んでいるので、仕事に出る者がいないという。遠方まで呼びにやっているというのだ。

このような事態になるにつけても、桑折の男たちを連れていたらこんな支障はなかったのに、と残念でたまらない。

注102　大田原の宿…秀吉の関東征圧以降、重要な軍事的拠点となった。日光への日光北街道、塩原街道も合する要地でその他各方面への街道が分れる。十八世紀以降、近江商人が薬、太物類の商い店を出すなど、注目すべき動きがあった。

たいそう年老いた男が出てきて、あおだを担ぐのも苦しそうである。わずか二里ばかりの道なのに何度も休んで、午後二時《未》頃喜連川《きつれがわ》までたどり着いた。

ここでも少し手間取っているうちに、翁はとっくに馬で行ったので、ずいぶん離れてしまった。使用人と私だけが取り残されて、あおだを急《せ》かせながら出立した。

氏家の宿を過ぎる頃は午後四時《申》もだいぶ過ぎてしまった。今夜は宇都宮までと決めていたが、こんな状態ではどうなるかなど言いながら行くと、鬼怒川の河原のかなたに日が入ろうとしていた。秋に渡った簗瀬の渡し場も冬は橋を架けてあり、水も浅く見える。

白沢まで使用人を先にやって、あおだ担ぐ者を用意させる。

宇都宮まで行こう思っているが、ずいぶん暗くなったのでどうしたものか。夜道は危険なのでここに泊まって、朝早く宇都宮に向かおうと決めて、ここに泊まることにした。

この事情を翁に手紙で知らせた。この宿場はあまり泊まる人がいないので、宿屋も粗末で夜具なども薄く、寒さも耐えられないほどである。

さゆる夜は旅のあはれも身にしみて薄きふすまのいとどしたしき

（冷えこむ夜は旅のつらさがいっそう身にしみる。薄い夜具だけが頼りだとは。）

などと嘆きながら臥した。

二十五日　朝早く起きて宇都宮へ急ぐ。

松原がずうっと続き、午前十時《巳》頃ようやく着いた。遅くなってしまうからと旅籠の馬を先に帰して、翁は一人本陣で待ちくたびれていた。

入って食事をし何かと話して、一緒に宿を出た。

ここの主人の話す事には、江戸はこの頃火事が頻繁に起こり、夜中、火の用心を呼びかけ回っていると聞いて、長い間旅にあって江戸の生活も忘れていたが、帰ったらそのような方面にも心配りをしなければならないと、話しながら急いだ。

あの雀の宮の宿場に来てみれば、ごろつきの馬追いが多く、誰彼なく因縁をつけるので、金を多めに払ってやっとのことで始末をつけた。

今日もこんなことで手間取って道も進まず、夕暮になって小金井に着いた。大きい宿を求めて、そこに泊まった。

二十六日　今日も天気がよく道も平坦なので、馬も人も歩みがはかどる。筑波山はよく晴れて一日中雲がかからずに見えている。

古河の渡し場は特に賑やかで、舟は競って人を渡している。故郷に心急《せ》くので、舟を待つ間も長く思われる。栗橋の向う側の竹林をしばらく過ぎて、幸手《さって》に着いて宿を取った。

あさっては江戸だと思うと嬉しい気持ちで寝た。

二十七日　明日江戸へ帰る事を知らせようと、今朝、使用人一人を出立させる。

この宿を出て、松戸、粕壁《かすかべ》などを次々と通過して行った。粕壁は市の立つ日（注103）で人々が多く集っている。少し江戸の面影に近いと感じるのは、これまでの土地の風俗とは違っているからで、都会的である。

間久里（注104）などという所を過ぎる時、「ウナギ召せ」と呼びかけてくる。使用人たちは酒好きなのでウナギを肴に酔っ払って、遅れがちにふらふら歩いてくるのは気にくわない。

千住（注105）までと目指したが、そこまでは大分遅くなるからと、午後四時《申》頃草加の宿で泊まることにした。貝の類を料理して夕飯に出してくれるのも珍しく、なるほど江戸が近いしるしであると実感した。

皆、月代《さかやき》を剃り髪を整えて、江戸に入る準備をしているうちに夜が更けた。

二十八日　起きてみると夜の間に雪が白く積もっている。たいそう思いがけない事だなと驚きながら出発した。

どの家でも雪の処理に苦労して、掃いたりしているのを見るにつけても、出羽国の雪とは比べものにならないが、稀に降る所では格別に面倒なことと思うのも

十一月二十七日…新暦一月十日

注103　粕壁に市ある日…この日は七のつく日であり下野南西部の諸町は六斎市なので（栃木県史）、七日と二日の付く日の六斎市の可能性がある。

注104　間久里…上間久里と下間久里があった。上間久里はウナギが名物。

注105　千住…後北条氏が滅んで（天正十八＝一五九〇年）、徳川家康が関東を領有し、江戸を本拠として開発を開始、千住大橋を架橋して新しい交通網ができ始めた。日光道中、奥州街道の出発地となった。江戸初期、農民が集められて千住宿が形成された当初は、農村と同じ日常環境を維持する仕組みや組織の中で暮らしていたが、元禄八（一六九五）年、黒羽藩主大関大助が検知奉行となってから、

もっともである。

空はだんだん晴れてきて、たいそう暖かくなってきた。街道の雪は消え、千住に着く頃には道も乾いてきた。

行きに出発した宿に着くと、人々が待ちかねていて、喜んで迎えてくれた。酒など取り出しては酌み交わしながら、無事に帰国できたことを互いに喜びあった。翁は柳原の宿(注106)に帰るというので、私はここから母のもとへ行くからと、先にいとまごいをして出立した。

千住の橋が新しく作られており、行き来が便利になった。金杉《かなすぎ》に出て安楽寺の門前を横切って、根岸の別荘に着いた。

門を入るやいな幼い者は喜び走り出て来て抱きついてくるのを、母も嬉しそうに眺めておいでである。

まず家に入って、旅の首尾をおおまかに報告申し上げる。

百日以上の旅から帰ってきたので、久しぶりの住いが珍しくて、庭に下りて一回りする。池の趣も変わっておらず水の音さえ前より増しているようで、のどかな様子である。かたわらの梅の木も咲き始めて、日の光が暖かげに射しているのは、一段と風情を添えている。

立帰る春や待ちけん故郷に色も変わらず咲ける梅がえ

農村的機能から町場的機能に変革され、千住宿の住民が農民から町人の生活環境に移行した。旅籠、居酒屋、各種見世店も町場独特の雰囲気を醸すようになった。

大橋の杭の耐久性は普通十五、六年が限度で架け替えが繰り返され、淙庵がいう「新たに」とは八度目の架け替えを指すか。安永元(一七七二)年のことである。九度目は寛政五(一七九三)年である。

注106 柳原…天明の頃(一七八一～八九年)は向 柳原《むかいやなぎわら》に久保田藩の江戸中屋敷があった。翁の宿はこの近くか。また、向柳原と神田川をはさんだ位置にある 柳原土手《やなぎはらどて》には地方の店が江戸の支店を構えた地でもあった。翁の支店もあったか。長い間、江戸に滞在しているから、その可能性もある。

（また巡ってくる春を待ちかねていたのだろうか。ふるさとにいつもと変わらぬ色で咲き出した梅の花よ。）

やがて酒の用意をし肴など用意して下さったので、あおだを担いできてくれた者たちは家に入れきれず庭の木陰に筵を敷いて、丸くなって飲み食いをする。夕方になるまでいて、やがて江戸の宿に帰ろうとする。

旅の辛さを思い出すにつけ、このように穏やかに暮らせたらこれ以上の事はないではないか。江戸の仕事を頼み込むこともあってもよさそうだが、やはり故郷は離れ難いものなのだろう。男たちは暇を申して東叡山の下を回り下谷から家路に就いた。

近隣の人、親しい人々が待ちかねていて、無事に帰国できた喜びを告げられると、私も自分の家であるのに客人のような気持ちがして、しばらくは慣れずにふわふわ漂っているように感じるのは、長い間の旅生活の名残なのだろう。この二十年あまり江戸の外には出かけずにいて、旅という事を断念したようだったが、今年このように遠くの国まで往復したことは、我ながら思いがけないことで、まるで浦島子が鯛を釣りに行って常世（注107）に遊んできた話ほどではないが、これも語るに意味ある話としようではないか。

注107　常世…最も古くはトコ（床）ヨ（世）の意。土中・地下の世界の意で異郷、死の国。アマ（天上の国）に対立する観念だったが、蓬莱神仙思想に影響されて、異郷の観念が地下から海の彼方へと移り、不老不死の国と意識されるようになった。

注108　寂然居士成島錦江の法号。祐妙院融三日観寂然。

津村正恭は熱心に寂然居士（注108）（成島道筑）に師事して学び、和文を作ることに才能を示したので、この巻もたいそう詳細に書いている。そうであるから、読む者も正恭と同じ境地に遊ぶことができる。

しかし、旅の途上でただ見聞きしたことをそのまま書き連ねたので、百に一つの間違いがないというわけではない。白川藩主は十一万石を与えられたが、半分は越後国にあるとか聞く。二本松藩主は十万七百石で安達、安積《あさか》二郡を治めている。時代の変遷とともに城下の賑わいも寛政の頃は（一七八九～一八〇一）白川の方が二本松に勝っているとかいうことである。

文化八（一八一一）年初秋

松野直純（注109）

注109　松野直純…明和三（一七三六）年三月江戸の下谷柳原に生まれた。高祖父直智は禄三百石の武士。祖父照直は三十歳で病没したので、父直正が継いだが、不行跡があり俸禄を半減させられる。直純二十歳で父の跡を継ぎ、弘前藩八代藩主津軽信明《のぶあきら》公に仕えた。寛政四（一七九二）年、九代藩主寧親《やすちか》公に従い津軽に赴いた。

若き日に二条派の和歌をかじったが、本格的には六十歳を過ぎて八十歳を越えた成島和鼎に冷泉派の和歌を学ぶ。ここで津村淙庵と松野直純との関係が判明する。

淙庵は和鼎の父錦江に学問と和歌を学び、和鼎とも交流がある。二人は江戸冷泉派の同人だったのだ。面識があったかどうかは分からないが、淙庵の書いたものが、容易に手に入る環境である。

直純の作品として『率土《そと》の浜つと』（文化十二年＝一八一五　東北大学図書館・狩野文庫）、『松野直純随筆』（文政五年＝一八二二　慶応大学）が残っている。

参考文献

『随筆百花苑』⑭（中央公論社）
「津村淙庵」『森鉄三著作集』⑦（中央公論社）
『秋田県史』（秋田県）
『秋田市史』（秋田市）
宮城県史（宮城県）
仙台市史（仙台市）
『塩竈市史』（塩竈市）
『福島市史』（福島市）
『本宮市史』（本宮市）
『栃木県史』（栃木県）
『足立風土記』①（足立区教育委員会）
『仙台領の街道』（高倉淳　無明舎出版）
『羽州街道をゆく』（藤原優太郎　無明舎出版）
『久保田城下町の歴史』（渡部景一　無明舎出版）
『秋田県の歴史散歩』（執筆代表野添憲治　山川出版社）
『秋田風俗問状答』（那珂通博・淀川盛品編　金森正也現代語訳　無明舎出版）
『秋田県遊里史』（佐藤清一郎　無明舎出版）
『秋田の民謡・芸能・文芸』（秋田魁新報社）
『伊達氏と戦国争乱』（東北の中世史④　吉川弘文館）
『近世冷泉派歌壇の研究』（久保田啓一　翰林書房）
『メデイアの展開』（加藤秀俊　中央公論新社）
『北方史のなかの近世日本』（菊池勇夫　校倉書房）
『唐詩選』（中国古典選⑮　朝日新聞社）
『新修五街道細見』（岸井良衛　青蛙房）

辞典・事典類

『くずし字辞典』（波多野幸彦監修　思文閣）
『くずし字用例辞典』（児玉幸多編　東京堂出版）
『日本国語大辞典』第二版（小学館）
『角川古語大辞典』（角川書店）
『古語大鑑』（東大出版会）
『岩波古語辞典』（岩波書店）
『講談社古語辞典』（講談社）
『角川漢和中辞典』（角川書店）
『全訳漢辞海』（三省堂）
『歌ことば歌枕大辞典』（角川書店）
『和歌の歌枕・地名大辞典』（吉原栄徳　おうふう）
『日本歴史地名大系』５秋田県の地名（平凡社）
『日本音楽大事典』（平凡社）
『角川日本の地名』秋田県（角川書店）
『秋田人名大辞典』（秋田魁新報社）

他多数

訳者略歴

細川　純子（ほそかわ　すみこ）

1942年宮城県仙台市生まれ。

1975年宮城学院女子大学卒業。1977年日本女子大学文学研究科修士課程修了。同年宮城学院中学校高等学校勤務。1987年から宮城学院女子大学日本文学科非常勤講師を兼務。2001年東北芸術工科大学大学院芸術工学研究科入学。2003年修了。

主な論文・著作として『万葉研究』1～22号に発表、『向つ峰の呪性』（「古代文学」28　古代文学会）、『木を歌うことは』（『上代文学の諸相』塙書房）、著書『菅江真澄のいる風景』みちのく書房　2008年）『菅江真澄の見た仙台』（大崎八幡宮　2013年）『菅江真澄の文芸生活』（おうふう　2014年）、「「筆の山口」の世界一当時の文芸事情と真澄の立ち位置」『真澄研究』20号（秋田県立博物館　2016年）

阿古屋の松

定価〔一七〇〇円＋税〕

二〇一六年六月一五日　初版発行

訳　者　細　川　純　子
著　者　津　村　淙　庵
発行者　安　倍　　甲
発行所　㈲無明舎出版
秋田市広面字川崎一一二─一
電　話／（〇一八）八三二─五六八〇
ＦＡＸ／（〇一八）八三二─五一三七
製版　㈲ぷりんてぃあ第二
印刷・製本　シナノ

ISBN978-4-89544-613-6

金森 正也＝翻刻・現地語訳・解説

秋田風俗問状答

Ａ５判・一四八頁
本体二五〇〇円＋税

江戸時代後期、諸国の風俗、習慣を知るために幕府は問状を配布、回答を求めた。その影印版・翻刻・現代語訳。加えて注釈と解説を付しカラー彩色絵図二〇頁を付した。

熊谷新右衛門著

秋田日記

Ａ５判・一一九頁
本体二〇〇〇円＋税

天保大飢饉のさなかに気仙沼から米の買い付けに来た熊谷新右衛門の秋田紀行。習俗、食文化、産物、交通など、当時の秋田を旅人の目で克明にとらえた、驚きの克明な旅日記。

木村裕俊／訳・松前景廣／著

新羅之記録

Ａ５判・一三二頁
本体一七〇〇円＋税

別名「松前国記録」といわれ、松前家の家史として初代松前藩主の六男の手によって編まれた北海道史最古の文献。中世～近世初頭の北海道を知るうえで欠かせない重要史料の現代語訳。

千城央著

古代東北の城柵と北斗七星の祭祀

Ａ５判・一二八頁
本体一五〇〇円＋税

通説としての蝦夷像に疑問を持ち、東北各地の古代城柵を丹念に調査。浮かびあがったのは陰陽道による北斗七星祭祀だった。古代国家の有り様から城柵の謎までを解明。

伊藤孝博著

江戸「東北旅日記」案内

四六判・二七七頁
本体一八〇〇円＋税

江戸時代（明治も含む）、東北地方を旅し、その記録を残した二〇名の旅人とその作品を克明に解説する。写真や地図も多数収録した旅日記ガイド。